JOIES CONJUGALES

CALMANN LÉVY, ÉDITEUR

DU MÊME AUTEUR

Format grand in-18

BOURLOTON. — Imprimeries réunies. B, rue Mignon, 2.

JOIES
CONJUGALES

PAR

GYP

PARIS
CALMANN LÉVY, ÉDITEUR
ANCIENNE MAISON MICHEL LÉVY FRÈRES
3, RUE AUBER, 3

—

1887
Droits de reproduction et de traduction réservés

JOIES CONJUGALES

A DEJEUNER

Une salle à manger.

Table carrée en vieux chêne. Chaises, vitrines et dressoirs hollandais. Tentures épaisses; tapis moelleux.

MONSIEUR, quarante ans, grand, blond, solide, l'air joyeux. Mange de bon appétit.

MADAME, trente ans, grande, blonde, très belle. Grignote du bout des dents.

1

MONSIEUR. — Tu n'as pas faim?...

MADAME. — Pourquoi?...

MONSIEUR, *riant*. — Une question en guise de réponse; est-ce assez femme, ça?...

MADAME, *pointue*. — Il serait plus étrange que ce fût homme!...

MONSIEUR. — Excellentes, ces côtelettes!... tendres, saisies à point... (*Il appuie sur sa côtelette.*) En pressant, on fait sortir le sang...

MADAME, *repoussant son assiette*. — Allons! bon!...

MONSIEUR. — Qu'est-ce que vous avez?...

MADAME. — J'ai, que je ne peux plus manger!.. Cette côtelette me dégoûte, à présent...

MONSIEUR, *convaincu*. — C'est pourtant de la bonne viande...

MADAME, *faisant un mouvement pour se lever*. — J'aime mieux m'en aller...

MONSIEUR, *étonné.* — Ah ! bah !... pour-quoi donc ça ?...

MADAME. — Parce que ces façons me coupent l'appétit...

MONSIEUR, *ahuri de bonne foi.* — Quelles façons ?...

MADAME. — Les vôtres ! Vous êtes là à presser sur le ventre de votre côtelette, à parler de viande... à table...

MONSIEUR. — Dame !... je ne croyais pas que ce fût mal de parler de viande... à table, surtout...

MADAME. — Ce mot « viande » est repoussant !..

MONSIEUR, *engouffrant un gros morceau de côtelette.* — Je ne trouve pas !... (*Silence prolongé.*)

MONSIEUR, *un peu rouge.* — Il fait chaud, ici !... j'étouffe !...

MADAME. — C'est d'avoir trop mangé !...

MONSIEUR. — Ah! par exemple!... Trop mangé!... deux méchants petits œufs à la coque de rien du tout!...

MADAME, *interrompant.* — Avec du pain dedans...

MONSIEUR. — Enfin, je fais des mouillettes... comme tout le monde!... Je ne peux pourtant pas tremper mon doigt et le sucer, n'est-ce pas?...

MADAME, *indifférente.* — Oh!... je ne dis pas que vous pouvez ou ne pouvez pas, je constate un fait, tout simplement!... (*Monsieur hausse les épaules.*) Vous dites?...

MONSIEUR. — Rien... Ah!... encore des pommes de terre frites!... toujours, alors!... Je suis condamné à manger tous les matins des pommes de terre frites jusqu'à ma mort?...

MADAME. — Comment voulez-vous les manger?...

MONSIEUR. — Mais je les veux variées...

à la sauce blanche, soufflées, farcies, en chemise... il n'y a rien de meilleur qu'une pomme de terre en chemise !... et ce n'est pas compliqué à faire, je pense ?..

MADAME, *froide et digne*. — Qu'est-ce que c'est qu'une pomme de terre en chemise ?...

MONSIEUR, *agacé*. — C'est une pomme de terre... avec sa peau... tout le monde sait ça !..

MADAME. — Vous voulez dire une pomme de terre en robe de chambre ?...

MONSIEUR. — Je veux dire ce que j'ai dit !...

MADAME, *narquoise*. — Quel charmant déjeuner !... (*Silence prolongé.*)

MONSIEUR, *voulant changer la conversation*. — J'ai vu hier Ponchartrin !... il m'a chargé de vous dire qu'on lui a promis le petit caniche chocolat que vous désirez...

MADAME. — Ah !... vous aviez oublié la commission, naturellement !...

MONSIEUR. — Mais je ne l'ai pas oubliée puisque...

MADAME. — Vous y pensez le lendemain !... Ça prouve votre empressement à m'être agréable... Où l'avez-vous vu ?...

MONSIEUR. — Ponchartrin ?... Au Tattersal... Il cherchait un cheval de chasse... ce qui n'est pas facile à trouver pour lui... à cause de son poids.....

MADAME. — Son poids ? Mais il n'est pas gros, M. de Pontchartrin !...

MONSIEUR. — Il n'est pas énorme !... quoiqu'il ait un petit bedon qui commence à se bien porter... Mais enfin, c'est plutôt sa taille que sa graisse, qui pèse... Il est tellement grand !...

MADAME, *d'un air stupéfait*. — Grand ?.. M. de Pontchartrin ? Mais vous rêvez !..:

MONSIEUR. — Comment, je rêve ?... Mais Pontchartrin est l'homme le plus grand de

Paris, depuis qu'on a supprimé le géant du café des Colonnes !...

MADAME. — Soit !... il est grand !...

MONSIEUR, *énervé*. — Non !... Mais c'est que vous n'avez pas l'air convaincu, de...

MADAME. — Ah ! Il faut avoir l'air convaincu ?... Vous cherchez quelque chose ?...

MONSIEUR, *allongeant le bras*. — La salade... (*Il se sert, madame le regarde manger ; silence.*)

MONSIEUR, *faisant une grimace*. — Cristi ! elle est vinaigrée, la salade !...

MADAME. — Il y a pourtant à peine une cuillerée de vinaigre... et il y en a huit d'huile...

MONSIEUR. — Eh bien, je suis tombé sur celle de vinaigre, voilà tout !...

MADAME. — Ce qui veut dire que la salade n'a pas été suffisamment retournée ?...

MONSIEUR. — Aïe !... (*On entend crier quelque chose sous les dents.*)

MADAME. — Qu'est-ce que c'est en-core?...

MONSIEUR, *les larmes aux yeux.* — Une petite pierre de poivre et de sel, qui était restée sur une feuille... une feuille creuse, probablement... (*Il éternue violemment.*)

MADAME. — Vous vous enr humez?...

MONSIEUR, *éternuant six ou sept fois suc-cessivement.* — Je ne m'enrhume pas du tout!.. c'est... (*Il éternue.*) ce... (*Il éternue.*) ce maudit poi... (*Il éternue.*)... vre qui me produit cet effet-là...

MADAME, *narquoise.* — Celui que vous avez... soi-disant mangé?... Ah! c'est cu-rieux!... (*Monsieur ne répond pas, enlève la cloche du fromage et se sert.*)

MADAME. — Avez-vous répondu aux Recta?...

MONSIEUR. — Aux Recta?... Pourquoi?... (*Au domestique.*) Donnez-moi le sucre...

(*Reprenant.*) Est-ce que je devais leur répondre quelque chose, aux Recta?...

MADAME. — Dame!... il me semble que
vous deviez leur dire si, oui ou non, nous les
emmenons à Saint-Germain.....

MONSIEUR. — Sur le mail?... Parfaitement... je n'y ai pas plus pensé qu'à m'aller
noyer... (*Au domestique.*) Pas le sucre en
morceaux... le sucre en poudre... (*Reprenant.*) Eh bien, j'ai envie de leur dire que
j'avais disposé des places et de les offrir aux
Vespetro...

MADAME, *pointue*. — Ce sera très gracieux pour les Recta...

MONSIEUR. — Vous m'avez dit que vous
leur aviez répondu « que vous croyiez que j'a-
vais peut-être disposé des places »?...

MADAME. — Oui... c'était pour vous mettre à l'aise...

MONSIEUR. — Eh bien ! mais précisément,

1.

je m'y mets, ma chère amie... Pourquoi faites-vous une grimace ?...

MADAME, *l'air écœuré.* —Rien... c'est ce sucre en poudre... Cette prodigieuse quantité de sucre en poudre... sur ce fromage...

MONSIEUR. — Oh! prodigieuse!... Vous exagérez!... Je vous ferai observer qu'une quantité qui serait réellement prodigieuse ne tiendrait pas dans une assiette... (*Il soulève son assiette.*) Et... vous voyez que ce sucre tient dans mon assiette ?... je dirai même qu'il y est à l'aise... Quant au mélange qui semble vous déplaire, il rend le « petit suisse » cent fois meilleur... Demandez à tous les vrais amateurs de petit suisse, et je parie que quatre-vingt-dix sur cent vous diront que je suis...

MADAME, *entre ses dents.* — Insupportable...

MONSIEUR, *souriant.* — Je n'ai pas entendu !... Je vous assure que vous avez tort de ne pas goûter à mon arrangement avant de le critiquer... (*Il avale une grosse cuillerée bombée, chargée de fromage et de sucre en poudre, dans laquelle il pique une croûte de pain avant de la faire disparaître.*)

MADAME. — Si vous voulez en manger davantage à la fois, on peut vous donner la louche à potage...

MONSIEUR, *gracieux.* — Merci, ceci me suffit pour l'instant... Pour en revenir aux Recta...

MADAME. — Ah !... c'est ça, si nous revenions un peu à eux !...

MONSIEUR. — Je n'ai rien à dire de Recta... C'est un excellent garçon... un peu froid... un peu toujours la même chose...

MADAME. — Un peu toujours la même chose !... Vous êtes inouï, ma parole !... Ah ça! est-ce que vous vous imaginez que vous n'êtes pas beaucoup toujours la même chose, vous?...

MONSIEUR. — Pardon... Mais nous nous occupons des Recta et non de moi!... Donc, Recta est parfait, mais sa femme, qui est assommante, se fagote à faire peine... elle n'orne pas du tout le mail et c'est dommage, car il est très joli, le mail!... De plus, comme elle est infiniment plus... respectable... (à tous les points de vue) que la petite de Rebondy que nous emmenons aussi, je suis obligé de la prendre à côté de moi... et, franchement, de Paris à Saint-Germain, c'est bien long!...

MADAME. — Je reconnais que madame de Recta est mise simplement... que voulez-vous?... Tout le monde ne lance pas, comme madame de Vespetro, les modes difficiles à faire prendre... Mais je ne vois pas quel intérêt vous avez à transformer votre mail en voiture réclame?...

MONSIEUR, *d'un air sérieux*. — Un intérêt immense!... Cent pour cent!... J'ai un arrangement avec les fournisseurs... Est-ce que vous ne vous en étiez jamais doutée?...

MADAME, *aigre*. — Vous avez beaucoup d'esprit!.. trop pour moi! Donc, c'est dit... nous emmenons votre Brésilienne...

MONSIEUR. — Allons! bon! Voilà que c'est *ma* Brésilienne, à présent!...

MADAME, *doucement*. — Aimez-vous mieux que je dise « la Brésilienne de tout le monde »?... vous avez raison... c'est plus exact!... Naturellement, nous emmenons aussi le mari et la suite... car je ne suppose pas que vous ayez l'intention de séparer, sur votre mail, ce groupe si étroitement uni ailleurs?...

MONSIEUR. — Mais...

MADAME. — Nous ne pouvons suppri-
mer la suite, ça aurait l'air voulu... et puis
elle s'ennuirait trop... cette pauvre femme !..
(*Mouvement de Monsieur.*) Oui... elle vous
aurait,... je sais bien... Mais vous, tout seul...
c'est un peu maigre pour cette... fantaisiste...
Vous ne l'amusez pas assez, mon ami... Et
puis, voyez-vous, pour madame de Vespetro,
il n'y a que les Espagnols et les Brésiliens, ce
qui prouve que le vieux dicton est éternelle-
ment vrai...

MONSIEUR, *agacé.* — Quel vieux dicton?...

MADAME. — L'on revient toujours à ses
premières amours... Or, le premier amour de
madame de Vespetro, c'était des Brésiliens...
(*Elle rit.*) Il va être bon, le mail!... couvert de
barbes noires, de cravates claires et de
bijoux étincelants... sans parler du vacarme... des cris gutturaux, des exclamations

rocailleuses!... Nous aurons l'air de transporter une cage de perroquets...

MONSIEUR. — Mais je ne tiens pas du tout à emmener les Vespetro à Saint-Germain, moi!... Trouvez-moi seulement des gens moins... solennels que les Recta?..

MADAME. — Voulez-vous Jane de Grige?... elle est jolie, élégante, je pense qu'elle orne suffisamment, celle-là?...

MONSIEUR, *hargneux*. — Elle orne même trop!... c'est la beauté du jour!... Là où elle est, on ne voit qu'elle!... Elle éclipsera le mail, l'attention sera détournée du nouvel attelage que je compte étrenner...

MADAME, *tapant nerveusement sur le fond de son assiette*. — Eh bien, n'emmenez pas madame de Grige!.. revenez à vos Brésiliens!... Seulement peut-être que leur vacarme effraiera les nouveaux chevaux... Avez-vous assez mangé de petit suisse?...

MONSIEUR, *sans défiance.* — J'en reprends encore un peu... Pourquoi?...

MADAME, *d'un air résigné.* — Parce que, quand vous aurez fini, nous pourrons aller au salon...

MONSIEUR, *ramassant gauchement son fromage et son sucre sur un morceau de pain et faisant mine de se lever.* — A vos ordres, ma chère amie!... Je vous suis!...

MADAME, *montrant le pain.* — Avec ça?... Non! (*Méprisante.*) Mangez ici votre tartine...

MONSIEUR, *affectant d'étouffer.* — Il est vraiment très fàcheux que, dans un ménage, l'un ait bon appétit, alors que l'autre se contente de le regarder manger...

MADAME, *le regardant avec dégoût.* — Je ne vous regarde pas!... je vous vois... parce que je ne peux pas faire autrement!...

MONSIEUR. — Eh bien, ça me gêne...

Ça me force à manger avec précipitation...

MADAME, *les yeux au ciel*. — Avec précipitation ! Et il y a une heure moins deux minutes que nous sommes à table !...

MONSIEUR. — Quand je dis avec précipitation, je veux dire...

MADAME. — Le contraire... C'est convenu !...

MONSIEUR, *se levant*. — Voilà, ma chère
amie, voilà !.. (*Il bouchonne rapidement sa
serviette, suit Madame qui sort majestueusement et entre dans le salon derrière elle.*)

MADAME. — Vous feriez bien de me laisser
me lever de table la première... (*Mouvement
de Monsieur.*) Non par politesse... mais
pour les domestiques...

MONSIEUR, *ahuri*. — Je me pressais tant
que je pouvais !.. C'est pour aller plus vite
que... (*Voyant que Madame a pris le Figaro
et ne l'écoute plus, il se tait et sert le café*

qu'on vient d'apporter. Silence prolongé.)

MONSIEUR, *posant une tasse sur la petite table de peluche près de Madame.* — Voici votre café...

MADAME, *sans quitter des yeux* le Figaro. — Merci... Vous savez que je n'en prends plus...

MONSIEUR. — Pardon... Si je l'avais su, je n'aurais pas servi cette tasse... Et pourquoi ne prenez-vous plus de café ?...

MADAME. — Parce que ça me rendait nerveuse...

MONSIEUR. — Ah !... Eh bien, ma chère amie, si c'est uniquement pour cette raison que vous vous abstenez, vous avez tort... Car, vraiment, je ne vois pas...

MADAME, *agacée.* — Quoi ?...

MONSIEUR. — De différence... appréciable...

MADAME, *haussant le è p a ules.* — Décidément... dois-je inviter ou ne pas inviter Jane de Grige?...

MONSIEUR. — Invitez-la si vous voulez... (*Réfléchissant.*) Mais à quoi?...

MADAME, *énervée.* — Oh!... quand, depuis un quart d'heure, nous ne parlons que de ça!..

MONSIEUR. — Ah!... le mail!... Parfaitement... Mon Dieu!... si vous y tenez... je n'y vois pas absolument d'inconvénient... Seulement, madame de Grige ne prend qu'une place et nous en avons deux à offrir...

MADAME. — On peut emmener un homme quelconque... le prince de Nonant-le-Pin, par exemple!...

MONSIEUR, *avec éclat.* — Ah! non !

MADAME, *étonnée.* — Parce que?...

MONSIEUR, *pointu et réservé.* — Parce que... j'ai pour cela des raisons... que je vous demanderai la permission de ne pas vous donner...

MADAME. — Et, si je refuse cette permission ?...

MONSIEUR. — Je ferai tout comme si vous l'accordiez, chère amie...

MADAME, *s'énervant de plus en plus.* — Ah ! Prenez garde !.. je veux savoir pourquoi vous refusez d'emmener le prince ?..

MONSIEUR, *faisant explosion.* — Ah ! vous voulez le savoir ! Eh bien, le prince de Nonant-le-Pin vous fait une cour... ridicule !...

MADAME, *très calme.* — Eh bien, après ?...

MONSIEUR. — Comment, après ?...

MADAME. — Oui... cela n'est pas... Mais quand ce serait...

MONSIEUR. — Je ne me soucie pas de lui fournir des occasions de se rapprocher de vous !..

MADAME. — Je vous répète que le prince ne me fait pas, ne m'a jamais fait la cour...

MONSIEUR, *narquois.* — Ah ! bah !...

MADAME. — Mais, s'il en avait l'idée, je le laisserais faire, entendez-vous?...

MONSIEUR. — Parfaitement!... Et je ne tiens pas à faciliter des relations qui...

MADAME. — Encore!... Mais quand je vous dis...

MONSIEUR, *impassible*. — Tout ce que vous voudrez!... mais le prince ne viendra pas sur le mail... Non... je demanderai à Ponchartrin... Il est très décoratif, Ponchartrin!...

MADAME, *exaspérée*. — Lui!... Mais vous ne comprenez donc pas que c'est lui qui... (*Elle s'arrête brusquement.*)

MONSIEUR. — Qui, quoi?...

MADAME, *embarrassée*. — Je ne sais plus ce que je voulais dire...

MONSIEUR, *agréssif*. — C'est dommage!... car certainement ce devait être fort intéressant... n'est-il pas vrai?...

MADAME, *entre ses dents*. — Imbécile!...

LE COTTAGE

I

Une grande pelouse descendant en pente douce jusqu'à la mer et se terminant par des balustres de marbre rose, contre lesquels les vagues viennent se briser.

Au milieu de la pelouse, une fontaine jaillit d'une immense vasque de marbre rose abritée sous des saules.

Partout des arbres rares, et des plantes odorantes. Pins de lord Weymouth, magnolias, merisiers à fleurs doubles, paulownias géants, tilleuls argentés, cytises, épines roses, sureaux du Canada, poussent capricieusement dans un désordre voulu et superbe.

Des tamarins, des eucalyptus, des troènes du Japon, des mimosas s'élancent en gerbes éclatantes et parfumées.

Autour de la vasque, des touffes de roseaux inclinent leurs grosses têtes de velours marron, leurs panaches onduleux; dans l'eau, les nénuphars jaunes étalent leurs larges feuilles.

Au haut de la pelouse, la maison se dresse, originale dans sa luxueuse simplicité.

Le perron, — la maison, composée seulement d'un très vaste rez-de-chaussée surmonté d'une terrasse qui remplace le toit, — les cheminées, tout enfin, est construit en marbre rose. Le marbre a l'avantage immense

de ne pas s'échauffer au soleil et de ne pas se
refroidir à la gelée ; avec lui, pas de murail-
les qui gémissent secouées par le vent de mer ;
pas de toits qui craquent quand la tempête fait
rage ; pas de clapotements agaçants lorsqu'il
pleut. Les sifflements du vent s'étouffent
contre les murs sourds, la pluie tombe silencieusement sur la grande terrasse muette.

Deux colonnes Louis XVI soutiennent
la porte d'entrée. Elles sont enguirlandées
de clématites à fleurs bleues, qui se détachent
comme des étoiles sur le feuillage sombre et
le marbre rose ; de glycines de Chine lilas et
blanches, de jasmins, de rosiers, grimpant
jusqu'au sommet et courant ensuite autour
des balustres qui entourent la terrasse.

Le vestibule, très grand, au fond duquel
monte un large escalier à deux branches
conduisant à la terrasse, est aussi tapissé de
fleurs.

Au pied de l'escalier, une fontaine. Un dauphin ailé porte un enfant joufflu qui souffle dans une conque marine. L'eau sort de cette conque et des nasaux du dauphin et retombe dans une grande coquille nacrée. Dans les angles de la pièce, des tonneaux de vieux Delft et des caisses de Saxe contenant des lauriers-roses, des grenadiers en fleurs, des jasmins jonquille et des jasmins d'Espagne. Tout autour du vestibule, de larges divans très bas, recouverts d'étoffes anciennes et disparates ; au milieu, un billard empire, supporté par des sphinx de cuivre ; dans un coin, un hamac de soie suspendu à deux citronniers ; à terre, piles de coussins, peaux de bêtes, etc... etc...

Le salon, arrondi, est éclairé par une baie donnant sur la mer. Murs et plafond tendus en cretonne vieux rose, dont les dessins imprimés, cernés d'un fil d'or, représentent des emblèmes héraldiques. Lustre de Venise d'où retombent des grappes de volubilis roses et de réséda. Sièges bizarres et contournés; S, X, tête-à-tête, égoïstes, fauteuils de bois tourné à bascule, divans moelleux en cretonne semblable à celle des tentures et des rideaux; pliants et poufs de bambou. Le parquet recouvert d'une natte de paille de riz, sur laquelle sont peints des oiseaux fantastiques et des arbres invraisemblables. Grande table de bambou, encombrée de livres et de journaux. Toupie hollandaise, tric-trac, bilboquets; comme dans le vestibule, arbustes en caisses. Au milieu du salon, une borne, de laquelle s'élance un immense palmier.

Vases de cristal, remplis de fleurs coupées; roses, anémones, lys, roses trémières; le dessus de la cheminée est un parterre de violettes et de primevères.

Aspect intime et charmant.

La salle à manger ouvre également sur la mer par une large baie. Haute cheminée, pareille aux cheminées des cuisines de ferme. Chenets de fer forgé. Horloge normande, dont la boîte marquetée est à demi cachée par un superbe jasmin jaune. Table et chaises en bois tourné de Vienne. Vieux bahuts lorrains, en chêne taillé à pointes diamant Crédence et dressoirs « parés » de faïence de Rouen. Nattes japonaises aux murs, à terre et au plafond.

La chambre de Madame. Toute tendue de grosse soie bourrue de Chine, jaune très pâle. Lit de citronnier, représentant une barque de pêche; les voiles déployées formant rideaux, en soie de Chine; secondes voiles de gaze de Brousse blanche. Cordages tressés aloès et argent. Fleurs sans parfum, tapis de panthère noire.

Le cabinet de toilette. Murs, parquet, baignoire et toilette de marbre noir; robinets d'argent. Cuvette, pot à eau et garniture de toilette en cristal anglais chiffré d'argent. Jeux de peignes et de brosses d'écaille blonde. Le cabinet s'éclaire par le haut; plafond de verre bleu pâle irisé.

Aux angles de la pièce et autour de la baignoire, massifs de lauriers-roses et de cytises.

La chambre de Monsieur. Toute tendue en toile à voile; aquarelles de chasses et de courses; fusils, épées, masques et fleurets suspendus aux murs. Tapis de jonc natté. Lit de camp; installation sommaire.

Çà et là, au dehors, le marbre rose qui revêt les murs extérieurs est creusé et livre passage à des touffes de fleurs, qui ôtent au cottage ce que le marbre pourrait lui donner de « trop habillé ».

La maison se trouve ainsi couverte de gros
bouquets qui tiennent à elle, sans qu'au premier abord on comprenne comment ils sont
accrochés.

Les communs et les écuries, dissimulés par
les arbres, sont des maisons normandes à
balcons de bois et toits de chaume, couverts
de fleurettes, de mousses et de rosiers jaunes
grimpants.

Si le bonheur est de ce monde, à coup sûr
il habite là.

Il est neuf heures du soir, le temps est
splendide, la nuit étoilée, la mer bat son
plein, les rossignols chantent dans les grands
paulownias de l'avenue. Dans le salon doucement éclairé, monsieur et madame causent
en tête-à-tête.

II

MADAME, en robe de linon blanc, est étendue sur un des divans.

MONSIEUR, costume de molleton blanc, ceinture rayée rouge et blanche, se balance dans un des fauteuils à bascule en fumant un cigare.

MADAME. — En partant demain matin, il sera encore temps d'arriver pour les courses de Dieppe...

MONSIEUR. — Mais c'est fou de vouloir aller aux courses de Dieppe !... C'est fou !...

MADAME. — En quoi, fou ?... Nous y allons tous les ans !... Nous y avons été l'année dernière encore !... Vous trouviez ça tout naturel !...

MONSIEUR. — Mais parbleu oui !... je trouvais ça naturel !... quand nous n'avions pas d'habitation à nous !...

MADAME. — Alors, sous prétexte que nous avons une habitation . à nous, nous allons vivre sans sortir?... Ce cera gai !...

MONSIEUR. — Enfin, nous ne pouvons cependant pas passer notre vie à nous trimbaler des Roches-Noires à l'hôtel Royal, et de l'hôtel Royal aux Roches-Noires... en abandonnant cette maison...

(Silence prolongé.)

MADAME. — Pardon... Vous serait-il égal de ne pas vous balancer ainsi dans ce fauteuil?... Ce mouvement continuel... en sortant de table me barbouille affreusement...

MONSIEUR, s'arrêtant court avec affectation d'empressement. — J'obéis ! (Un temps.)

MADAME. — Je vous remercie de votre complaisance...

MONSIEUR. — Vous ne désirez pas que, par la même occasion, je jette mon cigare?

MADAME. — Vous êtes inouï!!!... Vous avez l'air de vous poser en victime...

MONSIEUR. — ......

MADAME. — On croirait vraiment que je vous demande un sacrifice!... Vous avez la manie de vous balancer sur ces fauteuils... Je les ôterai.!.

MONSIEUR. — Ce sera plus prudent, mon amie, parce que... des fauteuils à bascule, vous savez... la plupart des gens croient que ça sert à se balancer...

MADAME, *regardant au pied du fauteuil.* — Sans compter que vous mettez cette natte dans un état! et c'est dommage!...

MONSIEUR, *bondissant et repoussant le fauteuil qui file comme un traîneau.* — La natte!...Ah! fichtre oui, c'est dommage!... Je croyais que c'était solide, ce machin-là!...

MADAME. — Ça!... Allons donc!... Ça n'est même pas solide pour un chapeau, la paille de riz, ainsi...

MONSIEUR *saisi, restant piqué sans oser avancer ou reculer.* — Pas solide pour un chapeau?... Mais alors, cette natte va durer quinze jours!... Vous auriez bien dû me dire ça quand je vous ai consultée, par exemple!...

MADAME. — Vous ne m'avez pas demandé si c'était solide... Vous m'avez demandé si je croyais que ce serait joli... Je vous ai répondu que oui...

MONSIEUR, *regardant la natte avec admiration.* — Oh! quant à ça!...

MADAME, *moqueuse.* — Et je me suis trompée... car c'est affreux!...

MONSIEUR, *stupéfait.* — Affreux!... Cette jolie paille si fine, si fine!... qui ressemble à du beurre frais! et qui est douce... à donner envie de se promener nu-pieds dessus !

MADAME. — ......

MONSIEUR. — Vous n'êtes pas de mon avis ?

MADAME. — Mon Dieu, non !... Moi, je n'ai jamais envie de me promener nu-pieds dans du beurre frais...

MONSIEUR, *énervé.* — Mais, moi non plus !.. Je ne dis rien de semblable !...

MADAME, *indifférente.* — Ah ! Je le croyais ! j'aurai mal compris !... (*Elle se dirige vers le piano.*)

MONSIEUR, *vaguement inquiet.* — Vous allez faire de la musique ?...

MADAME, *d'un air dégagé.* — Oui...

MONSIEUR, *faisant un mouvement pour se lever.* — Ah !... (*A part.*) Elle veut me faire partir... Eh bien, je serai héroïque, je resterai !... (*Il se rasseoit.*)

MADAME, *étonnée, à part.* — Comment... Il reste !... (*Elle fait quelques arpèges, referme*

le piano et retourne se coucher sur le divan.
Monsieur regarde monter au plafond la
fumée de son cigare. Silence prolongé.)

MADAME, *à monsieur qui bâille.* — Vous
avez mal à l'estomac ?...

MONSIEUR. — Moi ?... Pas le moins du
monde... J'ai sommeil !

MADAME. — Ah !... si tôt !...

MONSIEUR. — Je ne trouve pas qu'il
soit *si tôt !* Il est, d'ailleurs, impossible de
savoir l'heure ici... depuis que vous avez
remplacé la pendule par un parterre...

MADAME. — J'ai fait ce qui se fait partout... Je voudrais savoir où vous voyez encore des pendules sur les cheminées...

MONSIEUR. — Dame ! je vois plus souvent
sur une cheminée une pendule qu'une plate-
bande !... Cette profusion de violettes porte
au cerveau !... C'est une odeur pénétrante et
malsaine...

MADAME. — Ah! par exemple, je vous conseille d'en parler, de l'odeur des violettes!... vous qui avez été nous fourrer dans la salle à manger un jasmin qui empoisonne!...

MONSIEUR, *indigné.* — Qui empoisonne!... Un *jasmin triomphant!...* qui est splendide!..

MADAME. — Triomphant tant que vous voudrez!... Ça n'empêche que M. des Églogues s'est presque trouvé mal l'autre soir à dîner...

MONSIEUR. — Parbleu!... un papier mâché, des Églogues! Aussi, vous avez la rage d'inviter des infirmes ou des malades!...

MADAME, *vexée.* — Malade! M. des Églogues?... (*Toisant Monsieur qui manque évidemment de sveltesse.*) Il est certain qu'il n'a pas l'encolure d'un portefaix!... Mais on peut se bien porter sans peser trois cents...

MONSIEUR. — Mais je ne pèse pas trois cents!...

MADAME. — Ai-je parlé de vous?...

MONSIEUR. — J'ai fort bien vu que ce que vous disiez s'adressait à moi...

MADAME. — Vous avez mal vu, je m'occupe beaucoup moins de vous que vous ne le croyez !... Quelle heure est-il ?...

MONSIEUR. — Je n'en sais rien... je n'ai pas de gilet...

MADAME. — Qu'est-ce que vous dites?...

MONSIEUR. — Je dis que n'ayant pas de gilet, je n'ai pas de montre...

MADAME. — Le fait est que c'est assez débraillé, cette façon de s'habiller !... Avec cette ceinture, on a un peu l'air d'un scieur de bois... Je ne dis pas ça pour vous...

MONSIEUR. — Mille grâces !...

MADAME. — Personne ne viendra ce soir !... C'est fini !...

MONSIEUR, *qui tourne le dos à la baie.* — Parbleu !... il fait un temps de chien !...

MADAME, *qui aperçoit en face d'elle les*

étoiles, protestant. — Allons donc !... il fait radieusement beau !...

MONSIEUR. — C'est singulier !... J'aurais juré que j'entendais la pluie... (*Il écoute.*) Ah !... Non !... C'est cette maudite fontaine du vestibule ! Encore une agréable idée que vous avez eue ce jour-là !... Ça a coûté les yeux de la tête... et ça ne marche jamais bien !... à chaque instant je suis obligé de souffler dans la corne du triton pour la déboucher...

MADAME. — Vous vous mêlez toujours de ce qui ne vous regarde pas...

MONSIEUR, *éclatant.* — Comment, de ce qui ne me regarde pas?... Mais quand la corne du triton est bouchée, l'eau remonte dans mon cabinet de toilette, c'est une inondation !... Je voudrais bien vous y voir !... Cette fontaine a détraqué tous les tuyaux de la maison... On manque d'eau, ou on est submergé !... Vous n'avez pas besoin de hausser les épaules... C'est exact !..

MADAME. — Non ! La fontaine qui a détraqué les tuyaux, c'est celle de la pelouse, et celle-là, c'est vous qui l'avez fait faire, il me semble ?..

MONSIEUR. — Parce qu'elle a sa raison d'être... qu'elle permet de cultiver des plantes utiles...

MADAME. — Utiles?... Des nénuphars ?...

MONSIEUR. — Non... du cresson...

MADAME. — Si c'est uniquement pour avoir du cresson que vous avez dépensé trente mille francs à l'installation de la fontaine... nous aurions pu en manger beaucoup pour ce prix-là...

MONSIEUR. — A propos de dépenses, il va falloir renouveler plusieurs des peaux de bêtes du vestibule,... votre chien s'est amusé à les déchirer...

MADAME. — Ce pauvre Toc !...

MONSIEUR. — Je vous conseille de le plaindre !... il a arraché les oreilles du tigre de Java et du lion...

MADAME. — Arraché... arraché?... On ne peut pas les recoudre?...

MONSIEUR. — Il les a cachées... ou mangées?...

MADAME. — Ah !.. mon Dieu !... Ça va lui faire du mal !...

MONSIEUR. — Vous devenez folle de ce chien !... C'est ridicule !..

MADAME. — Dame !... il faut bien s'attacher à quelque chose... ou à quelqu'un... Si vous préférez que ce soit à quelqu'un, j'aime autant ça, pour ma part?...

MONSIEUR. — Vous vous moquez de moi?...

MADAME. — Oh !... Croyez-vous?...

MONSIEUR *se levant et fermant la grande*

glace de la baie. — On ne s'entend pas avec ces satanés rossignols !...

MADAME. — Pour ce que nous avons à nous dire, on s'entend toujours assez !...

MONSIEUR, *revenant s'asseoir.* — Ça gueule toujours, ces bêtes-là !...

MADAME. — Vous êtes charmant !... poli... distingué, comme il faut !...

MONSIEUR. — Ah !... C'est vrai !... il est convenu qu'on ne peut parler du rossignol que la bouche en cœur, les yeux au plafond et la guitare à la main, si faire se peut !.. C'est comme des Églogues, le rossignol, c'est sacré !...

MADAME, *commençant à s'énerver.* — Je ne vois pas ce que vient faire ici M. des Églogues...

MONSIEUR, *se montant aussi.* — Moi non plus, je ne vois pas ce qu'il y vient faire,.... aussi continuellement, surtout !..

MADAME. — Il y vient dìner quelquefois, faire de la musique souvent...

MONSIEUR. — Et flirter toujours ! C'est encore ce que je vois de plus clair !...

MADAME. — Moi aussi ! Ah ! ça !.. est-ce que vous deviendriez perspicace par hasard?...

MONSIEUR, *exaspéré.* — Peut-être bien !...

MADAME. — C'est un peu tard, convenez-en ?...

MONSIEUR. — Comment l'entendez-vous?...

MADAME. — Comme bon vous semblera !... Bonsoir !... (*Elle se lève pour sortir.*)

MONSIEUR. — Je vous suis !...

MADAME. — Non... Vous ne me suivez pas... pas tout à fait du moins !.. Je suis très fatiguée, très énervée surtout... J'ai besoin d'être tranquille..... et seule...

MONSIEUR, *saisi.* — Vous ne comptez pas que je vais rester dans ma chambre, n'est-ce pas?...

MADAME. — J'y compte formellement, au contraire...

MONSIEUR. — Mais je ne peux pas coucher dans le lit... il est grand comme une périssoire!

MADAME. — Ça ne me regarde pas!... Ce n'est pas moi qui l'ai choisi!... (*Elle sort majestueusement.*)

MONSIEUR, *la suivant, et montrant le poing à la baie, derrière laquelle les rossignols chantent toujours.* — Sales animaux!... Ils ne dorment donc jamais!... Oh!... si j'avais un fusil!!!

MARS EN MENAGE

Dans une grande ville de province.

Un salon immense; dont un coin seulement semble meublé et habité. Devant la cheminée, un tapis persan à haute laine et quelques fauteuils de satin ou de peluche, moelleux et élégants. Petite table de peluche, sur laquelle est posée une lampe à abat-jour de dentelle sur transparent de soie rose, une coupe de Saxe pleine de bonbons, un vase

irisé contenant des anémones, et quelques
petits bibelots coquets et souriants. Le reste
du salon est sommairement et banalement
meublé ; palissandre et damas de soie jaune ;
un piano, une grande table imitation de
Boule.

A droite de la cheminée, sur une dor-
meuse :

LA MARQUISE DE GRANTON : trente ans,
très jolie ; grande, blonde, taille superbe,
mains admirables, pieds microscopiques.
Roulée dans un peignoir de crépon fleur de
thé, orné de Valenciennes, elle coupe *Crime
d'amour* sans dire un mot.

'A gauche, sur une ganache :

LE LIEUTENANT-COLONEL MARQUIS DE
GRANTON : quarante-huit ans ; grand, gros,
vigoureux ; encore beau, mais un tantinet
fané. Pantalon rouge, veston d'appartement
en molleton mastic.

3.

Il lit *le Figaro*.

La petite table sépare M. et madame de Granton.

LE COLONEL, *gracieux*. — Vous ne désirez pas *le Figaro*?...

LA MARQUISE. — Non, merci!... (*Elle continue à couper rageusement son livre.*)

LE COLONEL. — Vous ne voulez pas voir les nouvelles?...

LA MARQUISE, *amère*. — Les nouvelles d'avant-hier?... Non!... Comme il faut au *Figaro* vingt-quatre heures pour arriver dans ce charmant pays...

LE COLONEL. — Ce n'est pas ma faute!

LA MARQUISE. — La mienne non plus!...

LE COLONEL, *regardant le journal d'un air piteux*. — Vous semblez énervée, ma chère amie?...

LA MARQUISE. — Peut-être bien?...

LE COLONEL. — Je regrette de vous avoir privée d'aller au théâtre ce soir, mais vraiment, je me lève à six heures demain matin et...

LA MARQUISE. — Et, parce que vous vous levez à six heures, il faut que je me couche à dix!... C'est délicieux!...

LE COLONEL. — Je suis...

LA MARQUISE. — D'ailleurs, je commence à en être un peu fatiguée, du théâtre!... du théâtre de Pont-sur-Aude, s'entend!... de l'éternelle Dugazon, que la jeunesse dorée du cru et messieurs les officiers sifflent ou acclament, selon qu'elle accueille ou repousse leurs vœux!... Et du ténor sans voix, dont le maillot descend tristement en vis sur les souliers éculés, tandis qu'il lance des œillades assassines aux... demoiselles des avant-scènes de secondes!...

LE COLONEL. — Ma chère, vous exagérez un peu...

LA MARQUISE. — C'est vrai!... cette année, les œillades s'arrêtent au premier étage, à l'avant-scène de la préfecture!... Pauvre ténor!... Et la troupe de comédie, donc!... l'amoureux est obèse, le père noble borgne et l'ingénue près d'accoucher!...

LE COLONEL. — Mais, en vérité...

LA MARQUISE. — N'oublions pas la jeune première! qui est régulièrement la maîtresse du procureur de la République ou du premier président!... A Pont-sur-Aude, la magistrature doit choisir ses... distractions dans la troupe!... c'est la tradition!...

LE COLONEL. — Mon Dieu!... j'avoue que la troupe n'est pas excellente, mais, enfin, il vaut encore mieux l'entendre que...

LA MARQUISE. — Que passer une soirée comme celle-ci!... (*Avec éclat.*) Oh! oui!... C'est pour ça que je tenais à aller au théâtre quand même!...

LE COLONEL. — Mais, ma chère enfant, plusieurs de vos amies passent de temps en temps la soirée chez elles, sans se considérer comme très à plaindre !...

LA MARQUISE. — Chez elles !... Précisément !... Elles ont un « chez elle », moi, je n'en ai pas !.. Madame d'Ebly, par exemple, habite un vieil hôtel qui a l'air d'une relique et est bondé de merveilleux bibelots anciens !... Mais si j'avais un intérieur comme celui-là, je m'y promènerais à genoux du matin au soir !... je n'en sortirais jamais !... tandis qu'ici !.. (*Elle regarde autour d'elle, avec dégoût.*) Dans cette baraque délabrée, mais moderne, remplie de meubles hideux, sur lesquels se sont vautrés plusieurs générations d'officiers supérieurs, au milieu de ces fauteuils graisseux, de ces nuances criardes, j'étouffe !... j'ai le spleen ! La soif d'un vrai « chez moi », avec des choses « à moi » !...

Oh!... ce meuble jaune!... il fait grincer des dents!...

LE COLONEL, *regardant le meuble jaune d'un air bienveillant.* — Je ne trouve pas!... d'ailleurs, nous avons toujours été installés et meublés ainsi, et vous ne vous plaigniez pas autant!... Il me semble que, dans le temps...

LA MARQUISE. — Dans le temps... dans le temps j'étais bête et jeune!.. Vous aussi!

LE COLONEL. — Merci!

(*Il déplie d'un air piqué le journal de la localité; elle recommence à couper* Crime d'amour; *silence prolongé.*)

LE COLONEL, *poussant tout à coup une exclamation terrible.* — Ah!!!

LA MARQUISE, *sautant en l'air.* — Qu'est-ce qui vous arrive?... Vous m'avez fait une peur!..

LE COLONEL. — C'est que je vois dans *l'Écho Pont-sur-Audois* que madame de la Pavoine est allée faire une visite à la préfecture !... (*Il regarde sa femme qui ne bouge pas.*) Madame de la Pavoine est allée faire une visite à la préfecture, ma chère amie, vous voyez ?...

LA MARQUISE. — Qu'est-ce que je vois ?...

LE COLONEL. — Qu'il est impossible à présent de vous dispenser... (*Il s'arrête, cherchant ses mots.*)

LA MARQUISE, *levant la tête.* — De me dispenser de quoi ?...

LE COLONEL. — Eh bien, mais... d'y aller aussi !.. Parbleu, c'est très ennuyeux pour vous, je comprends vos répugnances, mais la femme du colonel ayant fait cette démarche, vous comprenez que... (*D'un ton compatissant...*) Je suis désolé de vous imposer une telle corvée, mais...

LA MARQUISE. — Ne vous désolez pas, mon ami, je n'irai pas à la préfecture...

LE COLONEL, *inquiet.* — Vous n'irez pas à...

LA MARQUISE. — Jamais de la vie!...

LE COLONEL. — Mais, ma chère enfant, songez que mon avancement dépend de ces misérables complaisances... (*Mouvement de la marquise.*) Oui... vous n'admettez pas ça?... Mais c'est pourtant ainsi... Il est certain que je ne passerai pas colonel à la première promotion si vous êtes malhonnête pour...

LA MARQUISE. — Malhonnête?... en quoi?... Parce que je ne fais pas de visites?... Mais, depuis douze ans que j'ai la joie d'être votre femme, je n'ai jamais mis le pied à la préfecture et, certes, il y a eu des époques où elle était plus honorablement occupée qu'aujourd'hui!...

LE COLONEL. — Dans ce temps-là, ma chère, chacun agissait à sa guise... Mais, à présent, il y a un ordre...

LA MARQUISE. — Un ordre?... mais c'est

vous que cet ordre concerne, je suppose, et non pas moi?...

LE COLONEL. — Évidemment, mais...

LA MARQUISE. — Eh bien, mon ami, obéissez!... Précipitez-vous sur le cœur du préfet si ça vous fait plaisir, je ne vous en empêche pas...

LE COLONEL. — Ça ne suffit pas... La nouvelle circulaire du ministre invite les officiers mariés à se montrer, « accompagnés de leurs femmes », aux réceptions des autorités civiles. Est-ce clair?...

LA MARQUISE. — Très clair; je décline l'invitation, voilà tout!...

LE COLONEL. — Enfin, convenez qu'il est bizarre de briser ma carrière pour un caprice?...

LA MARQUISE. — Ce n'est pas un caprice, puisque ma manière de faire n'a jamais varié..

LE COLONEL, *agacé.* — Je vous prie...
formellement, d'aller à la préfecture...

LA MARQUISE. — Et moi, je refuse... formellement aussi d'y aller...

LE COLONEL. — Vous réfléchirez et j'espère...

LA MARQUISE. — N'espérez rien... si je
cédais, chaque jour il faudrait obéir à une
nouvelle fantaisie du ministre... Je suis surprise que vous ne m'ayez pas encore demandé
d'aller au bal chez le préfet?.. Ça viendra!..

LE COLONEL, *embarrassé.* — Mais... effectivement... je comptais...

LA MARQUISE, *moitié riant, moitié en co-*
lère. — Je l'aurais parié!... et, après avoir été à
la préfecture, pourquoi n'irai-je pas aussi chez
le maire? Il est l'élu du suffrage universel de
Pont-sur-Aude, cet homme! Ce serait complet!... Ça resserrerait les relations de famille et de monde que nous avons dans ce

pays ! les seules relations auxquelles je tienne !...

LE COLONEL. — Je...

LA MARQUISE. — Pourquoi, pendant que vous y êtes, ne m'engagez-vous pas à faire partie des sociétés de laïcisation?.. Je suis sûre que ça ferait très bon effet pour votre avancement!.. Vous seriez colonel à la première promotion !...

LE COLONEL. — Vous ne...

LA MARQUISE. — Et, puisque j'ai une belle voix, pourquoi ne pas me faire chanter *la Marseillaise* chez les autorités... ou à une fête publique... en toilette tricolore ?... Qu'est-ce que vous dites de mon idée?...

LE COLONEL. — Vous divaguez...

LA MARQUISE. — C'est ça qui vous ferait bien voir... civilement parlant !... Vous seriez peut-être général au 14 juillet !... *L'Écho Pont-sur-Audois* rendrait compte de

la chose en termes élogieux!... C'est grand'-
mère et papa qui seraient surpris!!... Et
votre tante de Vieillery vous déshériterait
séance tenante!...

LE COLONEL, *agacé.* — Je ne vous demande pas de chanter *la Marseillaise*...

LA MARQUISE. — Ah! bah!... Vous m'é-
tonnez!...

LE COLONEL. — Je vous prie seulement
de faire une visite à la préfecture, une seule...
Il me semble que, dans l'intérêt de ma carrière, vous pourriez bien...

LA MARQUISE. — Votre carrière? mais
elle ne me regarde pas, votre carrière!...
Est-ce vous qui êtes militaire ou moi?... Ah!
certes! en épousant un officier, je me croyais
absolument indépendante et libre d'avoir les
opinions et les relations qu'il me plairait de
choisir!...

LE COLONEL. — Mais, vous...

LA MARQUISE. — Ne m'interrompez pas!... Je vous dirai même que c'est surtout cette croyance qui m'a décidée à vous épouser, car enfin, vous n'avez rien de particulièrement remarquable, entre nous soit dit...

LE COLONEL, *vexé*. — Mais...

LA MARQUISE. — Dame!... Enfin, je m'arrangeais de vous tel quel!... Je prenais l'engagement, — sans en bien comprendre il est vrai toute la portée, — d'être une femme honnête et fidèle... Je l'ai été...

LE COLONEL. — C'est heureux!...

LA MARQUISE. — Oh! ça m'a coûté!.. énormément coûté... Mais enfin, je l'ai été tout de même!...

LE COLONEL, *ahuri*. — Mais...

LA MARQUISE. — Ça vous étonne?... Je comprends ça!... Vous vous dites qu'à ma place, vous ne vous seriez pas gêné?...

LE COLONEL, *protestant*. — Pas du tout...
Je ne me dis pas ça !...

LA MARQUISE. — Vous avez tort!.. Car
j'ai eu à rester... ce que je suis, un réel
mérite !... Si vous croyez que c'est amusant,
un mari militaire?... Amoureux de sa carrière beaucoup plus que de sa femme, même
au début du mariage...

LE COLONEL. — Permettez...

LA MARQUISE. — Un mari qui promène
avec lui une odeur étrange, composée de
tabac, de cuir, de drap mouillé, de galons
qui sentent le vieux sou et de crottin !... Un
mari grincheux, qui se lève à cinq heures du
matin, s'endort à dîner, ne parle que d'avancement, de passe-droit, de service en campagne, de manœuvres, de pansage et d'habil-
lement !.. vous raconte que le vétérinaire est
une brute et le docteur un âne!.. ne s'intéresse qu'à ce qui concerne l'armée... ne

comprend les courses que quand ce sont des officiers qui les gagnent et les rallies papier que si ce sont des officiers qui les font !... L'officier toujours !... l'officier partout !... C'est vraiment abusif !...

LE COLONEL, *complètement ahuri*. — Pourtant...

LA MARQUISE. — Ah! ils sont agréables comme maris, les officiers !... hargneux, fatigués, toujours dehors...

LE COLONEL. — Le service exige des sorties fréquentes...

LA MARQUISE. — Oh! je ne vous les reproche pas, vos sorties, au contraire !..

LE COLONEL, *froissé*. — Ah !...

LA MARQUISE. — Je constate seulement qu'en épousant un militaire, la femme qui a toutes les déceptions que je viens d'énumérer, pouvait du moins s'attendre à jouir d'une indépendance « politique » pleine et entière... L'armée et le barreau étaient choisis par ceux qui ne voulaient se lier à rien...

LE COLONEL. — On a changé tout ça, ma chère amie...

LA MARQUISE. — Tant pis!... Quant à moi, j'entends rester dans nos conventions !... Je verrai, comme par le passé, les gens de mon monde, les amis qui me plaisent... Je n'irai ni à la préfecture, ni chez les autorités civiles d'aucune sorte. Enfin, je continuerai à mener ma vie ordinaire, la vie qui me convient et me fait passer par-dessus tout le reste...

LE COLONEL. — Qu'entendez-vous par « tout le reste » ?

LA MARQUISE. — Ne demandez pas ça, c'est imprudent !..

LE COLONEL. — Laissez-moi au moins vous faire observer qu'on doit marcher avec son temps !.. qu'il faut faire des concessions devenues nécessaires...

LA MARQUISE. — Je ne trouve pas ça !...

LE COLONEL. — Je ne permettrai pas qu'un caprice de femme brise ma carrière...

LA MARQUISE. — Vous vous répétez, mon ami !...

LE COLONEL. — Eh !... c'est que je perds patience, à la fin !...

LA MARQUISE. — Moi aussi !.. Et il est un moyen bien simple d'arranger les choses !... Séparons-nous ?... C'est la seule façon de nous entendre !...

LE COLONEL, *saisi.* — Nous séparer ??? Mais vous n'y songez pas !...

LA MARQUISE. — J'y songe très sérieusement... Nous n'avons pas d'enfants, rien n'est plus facile !... Vous serez libre,... vous pourrez, grâce au divorce, épouser une

4

femme qui consentira à devenir une femme
de carrière !...

LE COLONEL, *effaré*. — Mais...

LA MARQUISE. — Vous craignez de n'en
pas rencontrer?... Oh! que si!... Vous met-
trez au besoin dans les journaux une bonne
petite annonce : « Lieutenant-colonel titré,
» nom historique, très riche, jeune encore... »
ou plutôt, non ! « très beau encore... » Il ne
faut pas tromper sur la qualité de l'objet qu'on
propose, n'est-ce pas?... donc, nous disons
« très beau encore ; épouserait jeune fille ou
» veuve... » — je présume que ça vous est indifférent ? « de vingt-cinq à trente ans, très
» jolie, très élégante, ayant grande habitude
» du monde et consentant à faire des visites
» officielles, à fréquenter les nouvelles cou-
» ches et à se conformer en tout aux ordres du
» ministre; instructions, circulaires, etc... »
Cette fois, voyez-vous, il faut avertir soi-

gneusement   le   sujet,   afin   qu'il   sache   à
quoi s'en tenir sur les joies que l'avenir lui
réserve!...

LE COLONEL, *anéanti.* —!!!

LE BON BAIN

I

Dans un chalet.

Chambre à coucher tendue en cretonne claire à grandes fleurs. Boiseries et meubles de pitchpin; terrasse donnant sur la mer.

MADAME. Peignoir de crépon blanc, attaché par une cordelière de soie blanche. Minois éveillé; teint rose; très bien faite.

SA FEMME DE CHAMBRE.

MADAME, *à elle-même, regardant la porte par laquelle vient de disparaître monsieur.* — Il est parti !... Enfin !... je vais donc pouvoir prendre un bon bain !... Un bain comme je les comprends !... dans un costume... comme je les comprends aussi !... (*A la femme de chambre qui va et vient dans l'appartement.*) Victorine !...

LA FEMME DE CHAMBRE. — Madame la marquise ?...

MADAME. — Préparez mon costume de bain... (*D'un air indifférent.*) le blanc...

LA FEMME DE CHAMBRE. — Bien, madame la marquise... (*A part, ouvrant une grande malle d'osier.*) le costume blanc !... On voit bien que M. le marquis est parti !...

MADAME, *allant à une fenêtre et faisant*

4.

des signes à Monsieur qui monte dans l'om-nibus de la gare. — Au revoir, mon ami, bon voyage !... à jeudi !.. N'oubliez pas ma robe !.. et mes souliers !.. et les livres !.. et le grand vaporisateur qui est sur la toilette de marbre !..

LA FEMME DE CHAMBRE. — Voilà le cos tume...

MADAME, *quittant brusquement la fenêtre.* — Ah !... (*Elle regarde le costume.*) Il est bien chiffonné !...

LA FEMME DE CHAMBRE. — C'est l'ennui du jersey blanc !... ça se chiffonne d'un rien... (*Elle secoue le costume.*) Oh ! d'ailleurs !... l'eau le remettra... Elle effacera vite les plis !..

MADAME. — Mais l'important est qu'il soit frais avant d'entrer dans l'eau !... qu'il ait son cachet, son empreinte personnelle !... (*A part.*) Après, quand il sera mouillé, c'est mon empreinte, à moi, qu'il aura... et alors...

(*Elle laisse tomber sur elle-même un regard confiant.*) Je suis tranquille !...

LA FEMME DE CHAMBRE, *examinant le costume*. — Madame la marquise est sûre que le costume va bien ?...

MADAME, *inquiète*. — Mais oui... Pourquoi ?

LA FEMME DE CHAMBRE. — C'est que le pantalon m'a l'air d'un court !... (*Elle passe ses bras dans les jambes qui lui arrivent au coude.*)

MADAME, *rassurée*. — Non !... non !... il va parfaitement... (*A part.*) Je l'ai essayé neuf fois !... (*Elle va à la terrasse.*) Il y a déjà beaucoup de monde au bain !... C'est le moment d'y aller !... quel beau temps !... quel bon bain je vais prendre !... (*Regardant avec la lorgnette.*) Ah !... voilà M. des Éclysses !... et le duc !... et les deux La Balue !... et tous !

LA FEMME DE CHAMBRE. — Quelle robe madame la marquise met-elle pour aller au bain?...

MADAME. — Pas de robe!... (*A part.*) Ça me retarderait,... le beau moment serait passé!... (*Haut.*) Donnez-moi seulement ma pelisse noisette et mon grand paillasson... Bon!.. mes gants... l'ombrelle rouge... et maintenant, portez vite le costume dans la cabine...

LA FEMME DE CHAMBRE. — Le peignoir arc-en-ciel qui est là-bas n'ira pas avec le costume...

MADAME. — Naturellement!... il faut prendre le peignoir de soie bourrue!... Non!... pas celui-là... l'autre!... l'ivoire, à soies ahuries... le trouvez-vous?

LA FEMME DE CHAMBRE, *bouleversant la malle.* — Oui... oui... le voilà!... (*Elle sort triomphalement le peignoir à soies ahuries,*

qui est magnifique, souple et léger comme
une plume.)

MADAME. — Il faut aussi le petit foulard
ivoire et or... et la perruque Titien n° 3.

LA FEMME DE CHAMBRE. — Celle à cheveux flottants?...

MADAME. — Oui... venez vite, n'est-ce
pas?...

LA FEMME DE CHAMBRE, *arrangeant le*
costume, la perruque, le foulard et le peignoir
dans une valise de cuir noir à coins d'ar-
gent. — Je suis madame la marquise...

SUR LA PLAGE

Une grande cabine de sapin de Norwège ;
au fond, en face de la porte, une glace qui
tient tout le panneau. A terre, bain de pieds de
faïence anglaise. Sur une grande tablette de
sapin, cuvette et pot-à-eau de cristal de roche.

brosses d'écaille blonde. Nécessaire d'argent ; glace à compartiments pour se voir de tous les côtés en se coiffant. Porte-manteaux de bambou. Fauteuil de bois tourné. Flacons, vaporisateurs, etc... Quelques roses dans un cornet de cristal. Au-dessus de la tablette, une grande fontaine de faïence anglaise. Au-dessous, une autre fontaine où un cylindre chauffe l'eau du bain de pieds.

MADAME, *debout au seuil de sa cabine et s'adressant à la femme de chambre qui déballe le costume.* — Non !.. Je n'ai plus besoin de vous... Vous pouvez vous en aller... (*La femme de chambre sort.*) Attendez au bord de l'eau pour prendre mon peignoir... (*Refermant la porte et tirant le verrou.*) J'aime mieux m'habiller seule !... Me coiffer, surtout !... C'est plus sûr !... (*Elle défait son peignoir et commence à rouler ses cheveux très serrés pour les faire tenir sous la perru-*

que.) — Certainement, mes vrais cheveux sont
aussi beaux que ceux-ci!.. seulement, quand
je les étale sur l'eau, ils mettent vingt-quatre
heures à sécher!... c'est assommant!...
tandis que comme ça, ça va tout seul... et
l'effet est le même!.. Je cache soigneusement
cette chevelure sous mon petit foulard... que
je noue bien sur la nuque... contre l'oreille...
en contrebandier espagnol!... A peine s'il
sort quatre ou cinq petites mèches sur le
front et une petite bouclette sur le cou... ça
n'a pas l'air prétentieux... C'est bon enfant
comme tout!... On se dit, — ceux qui ne me
connaissent pas, bien entendu : — « Cette
femme-là ne doit pas avoir beaucoup de cheveux! » — J'entre... je nage... sur le ventre
d'abord... et puis, je me retourne sur le dos...
je fais la roue avec les bras,.... gracieusement... sans quitter de l'œil la plage... quand
j'aperçois un bel ensemble de lorgnettes, je

reprends pied,... en même temps... paf!..j'at-
trape un des pans du foulard... sans avoir
l'air... dans le dernier tour de roue... je
tire... tout dégringole, je me trouve debout,
tournant le dos aux lorgnettes et leur présentant cette toison déroulée !... tableau !...
Eh bien, quand mon mari est là, impossible
d'exécuter ce mouvement si simple !... Il me
force à mettre un serre-tête de caoutchouc
sous mon foulard, sous prétexte que l'eau de
mer rend les cheveux poissants !... (*Elle pose
le foulard et le noue coquettement sur la
nuque.*) Je suis gentille comme ça !... (*Pensive.*) En exécutant le coup du foulard, ne
pas oublier deux choses : 1° prendre pied à
un endroit où l'eau ne dépasse pas la ceinture... il faut que les cheveux s'étalent en
nappe, et ne traînent sur l'eau que de quelques centimètres... 2° avoir l'air très ennuyée
de l'incident et faire mine de me recoiffer...

n'y renoncer qu'après une lutte conscien-
cieuse avec la toison en révolte... (*On frappe
à la cabine.*) Qui est là?... Ah! c'est toi
Henriette!... Que je t'attende pour entrer
dans l'eau?... (*Hésitante.*) Mais... c'est
que je suis prête... (*Réfléchissant.*) Eh
bien, c'est égal... je t'attends!... Mais dé-
pêche-toi!... Cette pauvre Henriette!... elle
tient à se baigner avec moi!.. Je n'y vois,
pour ma part, aucun inconvénient, mais
c'est une drôle d'idée qu'elle a!... Enfin,
c'est son affaire!... (*Elle secoue vivement la
tête pour s'assurer que la perruque tient so-
lidement.*) Ça tient!... Ça tient même trop
bien!... Ce ressort me serre!... Je l'avais dit
à Paul quand il m'a essayé ma perruque...
Ça me pince les tempes!... (*Elle s'introduit
dans son costume.*) Oh!... Oh!... C'est vrai!...
le pantalon est court!... C'est singulier! à
Paris, il me paraissait plus long!... Bah!...

5

C'est égal !... j'ai les genoux roses !... très réussi, mon costume... un vrai moule !... (*Elle se regarde dans la grande glace.*) Et ce qu'il moule n'est pas mal non plus ! Quel bon bain je vais prendre !... (*On frappe de nouveau.*) Qu'est-ce que c'est encore ?...

UNE VOIX MASCULINE. — C'est moi... des Agrès...

MADAME. — Eh bien ! qu'est-ce que vous voulez ?...

LA VOIX. — Les La Balue vous font dire qu'ils vous attendent pour aller au radeau...

MADAME. — Mais j'y vais très bien toute seule, au radeau...

LA VOIX. — Non... non... ce n'est pas prudent... aujourd'hui surtout.... Pierre n'est pas là...

MADAME, *à elle-même.* — Heureusement, il n'est pas là !... Sans ça, pas de radeau !.. pas de costume non plus !... Ce pauvre

Pierre!... il aura chaud dans le train!...
L'eau va être délicieuse!... Ce sera un vrai
bain!... (*Elle se considère avec satisfaction.*)
Ravissant, mon costume!... et malgré ça
très convenable!... Le jersey plaque, c'est
incontestable! Mais il n'a pas les transpa-
rences indiscrètes du cachemire... Dire que
depuis quinze jours je n'ai pas eu l'occasion
de le montrer, ce costume!... Puisque les La
Balue sont là, ils vont m'apprendre à faire la
boule, ça doit être très amusant!... Encore
une chose qui ferait pousser des cris de paon
à mon mari, s'il savait que les La Balue m'ap-
prennent à faire la boule!... (*Elle prend le
peignoir et se drape.*) Voilà, le tout est de ne
pas laisser de jeu à la chute des reins!.. Il
faut tendre, au contraire, pour bien accuser
les lignes rentrantes et... les autres!.. tout
est là!.. Il y a des femmes qui se drapent
bêtement!... elles ont l'air d'avoir passé à

travers un éteignoir!... Je vais toujours sortir, j'enlèverai mon peignoir, et j'attendrai Henriette au bord de l'eau... comme elle me l'a demandé... je n'y perdrai rien... les spectateurs non plus...

Elle cambre une dernière fois les plis du peignoir, ouvre la porte de la cabine et se trouve nez à nez avec monsieur, également en costume de bain, drapé dans un peignoir.

MADAME, *saisie.* — Oh!!!

MONSIEUR, *gaiement.* — J'ai manqué le train!.. Je prendrai celui du soir!... Alors, je me suis déshabillé au galop pour me baigner en même temps que toi...

MADAME, *consternée, à part.* — Moi qui

me réjouissais tant de me baigner... à mon idée !...

MONSIEUR, *l'entraînant.* — Viens vite !... L'eau doit être exquise ! (*La regardant.*) Tiens !... tu as un nouveau peignoir ?...

MADAME. — ....

MONSIEUR. — Qu'est-ce que c'est que ce peignoir-là ?...

MADAME. — Un peignoir en soie du Thibet !...

MONSIEUR. — Je crois qu'il n'a pas l'ampleur voulue !...

MADAME, *agacée.* — Je ne sais pas quelle est l'ampleur voulue !

MONSIEUR, *naïf.* — Moi non plus... Mais il bride...

MADAME, *à part.* — Il appelle ça brider !...

MONSIEUR. — Il bride d'une façon... disgracieuse !...

MADAME, *à part.* — Disgracieuse! Sauvage, va!...

MONSIEUR, *tirant sur le peignoir par derrière et cherchant à l'écarter des reins.* — Vraiment, ce peignoir dessine les formes... avec une exactitude...

MADAME, *à part.* — Il a bien raison... (*Elle part en courant sur les planches qui conduisent à la mer.*)

MONSIEUR, *la suivant.* — Il est d'une transparence!...

MADAME, *haussant les épaules.* — Une transparence!... avec des poils pareils!... On dirait un ours blanc!...

MONSIEUR. — Ça a l'air velu... et épais, à première vue!... Mais ça plaque comme une peau mouillée...

DES AGRÈS, *s'avançant la main tendue vers Madame.* — Enfin!... Avez-vous été assez longue à vous déshabiller?... (*Aperce-*

vant Monsieur). Comment, te voilà, toi ?... Je te croyais parti...

MONSIEUR, *très sec.* — Je suis revenu probablement !...

DES AGRÈS, *à Madame, qui enlève son peignoir et le remet à sa femme de chambre.* — Dites donc, vous savez que les La Balue sont au radeau... le duc aussi...

MONSIEUR, *de plus en plus hargneux.* — Ah ! ils sont au radeau !... C'est très intéressant !...

DES AGRÈS, *surpris.* — Ah ça !... quelle mouche te pique donc ?... Je dis ça à ta femme...

MONSIEUR. —Ah ! c'est à ma...(*S'arrêtant stupéfait.*) Ah !!! (*Il entraîne brusquement Madame à quelques pas.*) Qu'est-ce que c'est que ce nouveau costume ?...

MADAME, *à part.* — Patatras !... (*Haut.*) C'est mon second costume... Celui que je mets... quand on répare l'autre...

DES AGRÈS, *à part, examinant Madame*. — Mâtin! quel costume!... et quelles jambes!...

MONSIEUR. — Il est d'une inconvenance!

MADAME. — En quoi?...

MONSIEUR. — En tout!... Sa couleur, d'abord!...

MADAME, *candide*. — Le blanc est une couleur inconvenante?... Ah!... C'est particulier!... Je croyais que c'était au contraire l'emblême de l'innocence!...

MONSIEUR, *continuant son examen*. — C'est absolument comme si tu n'avais rien du tout!...

MADAME. — Oh! que non!... C'est bien plus encombrant!...

MONSIEUR, *consterné*. — Le pantalon au genou... pas même!.. les manches absentes!.. (*S'apercevant que toutes les lorgnettes sont braquées sur Madame.*) Allons!... entrons vite dans l'eau...

MADAME. — Entrez si vous voulez!... Moi, j'attends Henriette!...

MONSIEUR. — Mais madame de Palombe vous rejoindra...

MADAME. — Non!.. je lui ai promis de l'attendre pour me baigner... (*Elle s'allonge sur le sable sec. Le pantalon remonte considérablement.*)

MONSIEUR, *se précipitant sur le peignoir que tient la femme de chambre.* — Vous allez vous refroidir!... (*Il pose le peignoir sur Madame et le roule autour de ses jambes.*)

MADAME, *le repoussant d'un mouvement de croupe qui fait saillir toutes ses perfections.* — En voilà une idée!... de m'emballer comme un malade!... Ah!... Henriette!... (*Elle se lève d'un bond et court au devant de Madame de Palombe.*)

5.

(Monsieur, navré, suit mélancoliquement ces dames qui entrent dans l'eau.)

MADAME, *à part, entrant lentement.* — J'ai froid !.. Ça m'est horrible, cette façon d'entrer peu à peu !... Mais ça permet aux regardeurs de détailler...

MONSIEUR, *crispé.* — Plongez-vous !... Plongez-vous donc vite !... (*Il la saisit par les épaules et la couche sur l'eau.*)

MADAME, *vexée.* — Laissez-moi !... C'est insupportable !... (*Elle s'échappe, plonge et file rapidement entre deux eaux.*)

MONSIEUR. — Autre chose !... La voilà partie, à présent !...

MADAME, *ressortant à quelques pas plus loin.* — C'est le moment de filer au radeau !.. (*Elle s'éloigne en nageant très vite vers le large.*)

MONSIEUR *inquiet, s'élançant derrière elle.* — Où va-t-elle ?... Où peut-elle bien aller ?...

MADAME DE PALOMBE, *poussant de cris de paon.* — Ne me laissez pas toute seule !...

MONSIEUR, *atteignant le radeau sur lequel Madame est déjà grimpée.* — Mais c'est de la folie, d'aller de ce train-là !...

MADAME, *énervée, au grand La Balue.* — Me voilà !... Je viens pour apprendre à faire la boule...

MONSIEUR, *saisi.* — La boule ?...

LE PETIT LA BALUE, *à Madame.* — Parfaitement... je vais vous montrer ça... tenez... laissez-vous glisser du radeau...

MADAME. — Oui !... mais c'est que... je vais couler, si je ne nage pas !..

LE GRAND LA BALUE. — N'ayez pas peur... j'étends mes bras... Vous voyez ?... (*Il la reçoit dans ses bras.*)

LE PETIT LA BALUE. — Mettez d'abord votre tête entre vos genoux...

MONSIEUR, *effaré.* — Mais non!... elle va se faire mal!..

LE GRAND LA BALUE. — Se faire mal?... dans l'eau? Allons donc!... Je réponds d'elle!...

LE PETIT LA BALUE. — Nous en répondons!...

MADAME, *se laissant aller mollement.* — J'ai confiance!..

MONSIEUR, *horripilé.* — Je m'oppose formellement à ces jeux-là!... C'est ainsi qu'on se noie...

LE GRAND LA BALUE, *gouailleur.* — C'est ainsi qu'on a vu des familles entières périr en apprenant à faire la boule...

MONSIEUR, *à Madame.* — Très sérieusement, Jane, je vous prie de retourner à terre...

MADAME, *à part.* — Moi qui comptais tant m'amuser!... (*Elle se met à nager; les La Balue, le duc et Monsieur la suivent.*)

MADAME, *à part, nageant sur le ventre à grandes brasses onduleuses et allongées, et regardant les lorgnettes braquées sur elle.* — Je crois que le coup du foulard ne peut être mieux placé qu'en ce moment... (*Elle se retourne sur le dos et nage en faisant aller ses bras en roue.*) Encore un instant... pour leur laisser le temps de voir ce nouveau mouvement... Ai-je pied?... (*Elle tâte le fond d'un pied.*) Oui... je dois avoir de l'eau à la taille à peu près... (*Elle tire brusquement sur un des pans du foulard et prend pied. — Monsieur, qui s'aperçoit que l'équilibre de la coiffure se dérange, saisit à deux mains la tête de Madame et maintient vigoureusement les boucles prêtes à s'échapper.*)

MONSIEUR, *triomphant.* — Sans moi, vos cheveux allaient être mouillés !...

MADAME, *entre ses dents.* — Maladroit !...

LE GRAND LA BALUE, *à part.* — Mari,
va !... (*A Madame qui marche vers le bord.*)
Vous n'essayez pas une dernière fois la boule,
avant de sortir de l'eau ?...

MADAME, *revenant à lui.* — Si !... Placez-
moi bien dans la position voulue !...

LE GRAND LA BALUE, *passant ses mains
sous les bras de Madame.* — Là... allongez-
vous !... Maintenant, ramenez les genoux
contre le menton... bien !... A présent, aban-
donnez-vous ?... Mieux que ça !... C'est l'a-
bandon qui vous manque... Assez !... relevez
la tête !... (*Il tire vivement, sans en avoir l'air,
sur un des pans du foulard et exécute le mouvement rêvé par Madame.*)

MADAME, *debout, entourée d'une nappe de
cheveux d'or.* — Ah !... mes cheveux ! ! !

MONSIEUR, *furieux, s'apercevant qu'au
bord on déploie des lorgnettes de renfort.* —
C'est stupide !...

LE GRAND LA BALUE, *conciliant.* — Oh !...
C'est un tout petit malheur !... que nous allons réparer !... (*Il ramasse à pleines mains
les cheveux de Madame pour l'aider à les rentrer sous le foulard.*)

MONSIEUR. — Permettez ?... je me char-
gerai de ce soin !.. (*Il repousse brusquement
le grand La Balue.*)

LE PETIT LA BALUE. — Mais...

MONSIEUR, *exaspéré, s'adressant aux La
Balue.* — Et vous m'obligerez en allant tous
les deux faire la boule plus loin... entendez-
vous ?...

MADAME, *saisie.* — Ah ! ça, devenez-vous
fou ?...

LE GRAND LA BALUE, *hautain.* — Je ne
sais si vous comprenez la portée de vos paroles...

MONSIEUR. — Parfaitement... et celle de
mes gestes aussi !... (*Il envoie au grand La*

Balue un soufflet retentissant. — Murmures,
tapage, saisissement général.)

MADAME, *anéantie.* — Oh!... Moi qui me
réjouissais de prendre un bon bain!!!

CALME

D'UNE CONSCIENCE PURE

Une grande chambre à coucher tendue en panne gris perle. Meubles Empire, en acajou à filets de cuivre. Lit « gondole » orné de sphinx et de griffes en cuivre ciselé. Rideaux de mousseline de l'Inde brodée d'or, disposés en « voiles ». Cordages d'or. Tapis d'ours noir.

MADAME. Elle rentre du bal et va et

vient dans sa chambre en se déshabillant.

— Il était joli, ce bal !... Je me suis
amusée !... A quoi ça tient-il ?... ce n'est
évidemment pas parce qu'il y a beaucoup de
fleurs, beaucoup de lumière, beaucoup de
monde, beaucoup de tapage qu'on s'amuse ?..
Non !... et, si je suis de bonne foi, je m'a-
vouerai tout simplement que je sais parfaitement pourquoi je me suis amusée ce
soir ?... (*Elle enlève son corsage.*) Je me suis
amusée, parce qu'on m'a fait la cour !... On
me la fait toujours un peu, mais ce soir
c'était extravagant... Il est charmant de se
sentir adorée, caressée du regard, convoitée
par tous ces indifférents... On assiste, sans y
prendre part, à cette bataille... j'allais dire
sanglante...pourquoi pas sanglante, au fait ?...
Il me semble que ce soir, tant tués que bles-
sés, les pertes de l'ennemi ont été sérieuses...

Ah! ça m'amuse!... Je ne suis pourtant pas
méchante!...Mais les hommes sont si bêtes!...
Au lieu d'être gentils, gais, aimables, brillants, divertissants, et de s'en tenir là... Ils
croient nécessaire de se poser en soupi-
rants!... Ils s'imaginent niaisement que ça
nous flatte, que nous nous laissons prendre à
ces grimaces-là... Mais jamais!... Jamais un
amoureux sincère n'a été capable d'arrondir
ainsi des phrases de mirliton, de décocher
des traits acérés(?) — comme on dit dans les
livres de 1830, — ou de débiter en sourdine
une déclaration idiote, qui ne porte pas,...
excepté sur les nerfs!... Le plus joli, c'est
qu'ils se prennent généralement en cherchant
à nous prendre!... C'est ce qui est, si je ne
me trompe, arrivé ce soir?.. (*Elle sort de sa
traîne et s'assied au coin du feu dans une bergère.*) Ainsi, M. de Cautoyant, par exemple!
D'abord, il se souciait de moi comme d'une

guigne... Je sentais ça, et, comme il m'assomme, je répondais distraitement aux lieux
communs qu'il croyait devoir me débiter à
jet continu... C'est sa manière d'être aimable... Chacun fait comme il peut!... lui, il
récite un tas de petites choses creuses et
banales... bssssss... bssss... Ça coule comme
un robinet d'eau tiède!... On ne saisit pas
très bien ce qu'il veut dire, et il ne reste
rien de ce qu'il a dit... c'est d'un décoloré
navrant! Je l'entendais... sans l'écouter,
comme toujours... quand tout à coup, je
ne sais ce qui lui prend... Il se met à me
parler de : « Ma beauté »... du charme pénétrant qui s'exhale de toute Ma personne...
Je suis, — paraît-il — une femme si ac-
complie, et si haut placée dans l'estime de
tous, que jamais..., jusqu'à ce jour..., il
n'avait osé lever jusqu'à moi ses humbles
regards... »

Je veux répondre que je l'espère bien, et que je compte qu'il en sera toujours de même..., ah ouiche!... pas moyen de placer un mot... Le robinet d'eau tiède fuit!... Il continue avec un imperturbable aplomb :

« Aujourd'hui, il se sent pénétré, (le charme pénétrant opère... lui-même!) d'une ardeur qui le surprend... »

Pas plus que moi, bien sûr!... « et il ne peut contenir l'aveu qui, malgré lui, échappe à ses lèvres tremblantes..., etc. » Moi, je n'avais plus le courage de tenter une interruption... Je m'endormais tout doucettement... Heureusement, le petit de Jabo est venu me rappeler une valse promise, et M. de Cautoyant a bien été obligé de me lâcher; c'est égal, pendant cinq minutes... au moins... il a été sérieusement empoigné... il s'emballait au son de ses paroles, il était presque dégelé!.. Quoi qu'il en soit, il faut laisser ça avec le gibier qu'on ne ramasse pas!... (*Elle enlève les fourches d'écaille blonde qui tiennent ses cheveux.*) Le petit de Jabo, lui, c'est un autre genre!... D'abord, depuis longtemps déjà, je remarquais qu'il s'arc-boutait dans une embrasure de porte et me contemplait d'un œil attendri... Mais, comme il y a plus d'un an qu'il se livre à cet exercice, je pensais que ça lui suffisait... Eh bien, non!... Ce soir, ça ne lui a pas suffi !.. Il paraît que j'étais très à mon avantage, ce soir!... Dès que nous avons eu fait deux tours de valse, il s'est arrêté — sans me demander si je voulais m'arrêter — et il m'a dit :

— Que vous êtes bonne, Madame, d'avoir daigné accorder cette valse au plus passionné de vos admirateurs !...

Nous passions une porte en tourbillonnant, il a élevé ma main jusqu'à sa bouche et l'a

effleurée de sa moustache... Je n'ai naturellement pas fait semblant de m'en apercevoir;
alors, il a mis la pédale :

—Vous ne m'en voulez pas, dites?... Jurez-
moi que vous ne m'en voulez pas?... C'est
que je serais si malheureux... si désespéré
que ma hardiesse vous ait déplu?...

La hardiesse ne m'avait pas déplu, c'est
seulement en m'assaillant de questions qu'il
m'exaspérait... J'avais une envie folle de le
secouer en lui criant :

— Mais, malheureux ! c'est à présent que
tu m'énerves!... Va donc te cacher!...

Il continuait toujours à s'excuser d'une
voix égale et douce... absolument la manière
Cautoyant, mais vingt-cinq ans de moins, ce
qui n'a l'air de rien, mais est très grave, en
réalité! M. de Cautoyant — si embêtant
qu'il soit — est député; il écrit, il est propriétaire (influent) d'un journal incompris,

imprimé à Pantin; il a quarante-quatre ans,
(pour être polie), enfin, on n'ose pas le
balancer comme ce pauvre petit de Jabo,
auquel j'ai tout simplement dit que cette
valse était bien longue et que je le priais de
me ramener à mon excellent fauteuil.

M. d'Oyo a succédé au petit de Jabo. Plus
ennuyeux encore, celui-là !

— Madame ?

— Monsieur ?

— Croyez-vous aux coups de foudre ?

— Non, Monsieur.

— Vous avez tort !.. (*Roulement d'yeux.*)
Moi, j'y crois !..

— C'est que vous êtes d'un pays où il y a
beaucoup d'orages... En France, nous
sommes à l'abri de ces accidents-là...

— Madame, vous ne comprenez pas ma
pensée...

— Croyez-vous ?

Et je me lève, en prenant le bras d'Houbly
qui passe; un vieil ami, d'Houbly! Aussi je
me confie à lui.

— Débarrassez-moi de M. d'Oyo; il est en
train de me faire la cour et, quand il fait la
cour, il est plus bête encore que quand il ne
la fait pas...

— Est-ce possible?... Alors, comme ça,
c'est moi qui profite de la maladresse de ce
pauvre Péruvien?.. Laissez-moi, du moins,
en profiter pour...

— Pour?...

— Pour mon compte !... Je reprends donc
où il est resté, voulez-vous?...

Et il fait comme il dit !.. Fiez-vous donc
aux vieux amis !...

Je m'installe près de madame de Rèche.
Pas encourageante, cette bonne madame de
Rèche! Personne ne viendra me relancer
dans son voisinage !... Mais j'aperçois le

prince Tumulus qui me contemple d'un
œil douloureux et interrogateur. Lui, c'est
la manière noire !... du silence, des soupirs...
et encore du silence, et toujours des soupirs!.. Ce n'est pas aussi encombrant que les
autres, mais on ne s'imagine pas à quel point
il est agaçant, à la longue, de se sentir
couvée par un regard brûlant.

M. d'Okaz a essayé aussi de « m'intéresser » à lui... Il m'a fait comprendre qu'une
affection étrange, irraisonnée, faite de ten-
dresse et de respect, le rivait à une femme
irréprochable, qui jamais ne s'était doutée
et ne se douterait de cet amour... Enfin, il a
réédité, en mon honneur, le sonnet d'Ar-
vers !.. (*Elle défait ses bas de soie chair et
passe de petites mules de loutre.*)

Et le général de Cambouy !... il ne m'a rien
dit de précis non plus, mais j'ai lu entre les
lignes !... il regardait mes épaules !... et

mes bras... avec des yeux cuits, mais expres-
sifs cependant!... Pauvre général!... C'est
qu'il y a beaucoup de femmes qui seraient
fières de lui inspirer un... sentiment quelconque!... Ce n'est plus un bouton de rose,
le général!... Mais il a une telle expérience!..
son... approbation est certainement flat-
teuse!.. ne l'obtient pas qui veut...

Saint-Cynnatus, lui, ne s'est pas encore
fait présenter à moi... il lutte! On lui a dit :
« Tout le monde fait la cour à madame de
Nymbe! » Alors, comme son rêve est de se
singulariser, il s'est dit : « Puisque tout le
monde lui fait la cour, Saint-Cynnatus ne la
lui fera pas : il ne fait rien comme tout le
monde!... » Eh bien, il se trompe!... Il y viendra comme les autres!... Il y vient même déjà!... Je l'ai surpris aujourd'hui me regardant
à plusieurs reprises avec un intérêt... vif, et,
si le cotillon avait duré une heure de plus...

Jacques, lui, me suit pas à pas !... m'épie,
se place de façon à voir mes yeux toujours, à
voir remuer mes lèvres, afin de deviner à leur
mouvement ce que je dis lorsqu'il est trop
loin pour entendre... Et pourtant, celui-là,
est comme le « Lion amoureux ».

Il n'espère, n'attend et ne demande rien.

Non... C'est vrai, mais il ne veut pas que
les autres espèrent, attendent, ou demandent
quelque chose... Je suis le trésor qu'il
regarde sans oser y toucher, mais il tient à
s'assurer que tous les bons petits amis
imitent cette sage réserve.

Qui encore ?... Le baron Bitter m'a invitée
à aller à Auteuil sur son mail, et chacun sait
que c'est sa façon de faire comprendre à une
femme qu'elle lui plaît. Moi, j'ai refusé, pensant que l'acceptation avait peut-être une

signification aussi... (*Elle se lève et se dirige vers son lit.*)

Je ne parle pas des serrements de main furtifs au cotillon; des regards, timides ou hardis, mais qui veulent exprimer le même sentiment... des lambeaux de dentelle, arrachés de ma robe, traînés sous les bottes et ramassés soigneusement par un adolescent qui, après en avoir fait un petit peloton, engouffre dans sa poche ledit petit peloton !.. (*Elle se couche.*) En y réfléchissant bien, tous ces gens-là me semblent ridicules, je me moque de leurs compliments... et malgré ça, je ne pourrais pas m'en passer !... (*Elle s'endort.*)

Dans la chambre de Monsieur.

MONSIEUR, *se déshabillant rageusement.*

—Quatre heures du matin ! !... Et demain ça

6.

recommencera!.. et après-demain !.. et les jours suivants, et toujours !... En quoi ça peut-il amuser une femme de se trimbaler dans le monde tous les soirs?... en quoi?... je me le demande?... (*Il se couche et ne s'endort pas!*)

HEURES TRANQUILLES

Dans la **chambre** de Madame.

MADAME lisant attentivement une longue liste.

— « *Deux heures et demie : Rue de la Paix.* — J'ai donné rendez-vous à Virot pour trois chapeaux, avant l'heure du flot... C'est quatre heures, l'heure du flot, et alors, impossible de la saisir... On se l'arrache !..

« *Trois heures : Chez Bartlett.* — Je veux

faire sortir les chevaux, et les voir trotter
pendant qu'il fait encore jour... Ils sont brillants, ces chevaux, mais ils doivent avoir des
tares cachées... Je ne les ai vus encore qu'à
la brume ou enfoncés dans la litière jusqu'au
ventre... Je n'ai pas pu les juger... S'ils me
conviennent, je les ferai atteler tout de suite,
ils me mèneront au Bois et rentreront lorsqu'il fera nuit... c'est ce qui vaut le mieux!..
Paul les verra demain matin seulement,
quand il fera son tour habituel. Il dira :
« Qu'est-ce que c'est que ça? » Toby répon-
dra de son air indifférent : « Ça, c'est les chevaux que madame la marquise a achetés
hier. » Et, de cette façon, j'esquiverai le
premier moment de surprise... Je préfère
que ça se passe ainsi...

« *Quatre heures : Courses pour les tentures.*

« *Cinq heures : Chez la douairière de*

Recta. — Pas drôle, la douairière !.. mais un salon si bien composé ; en fait d'hommes, surtout !

« *Cinq heures et demie : Chez madame de Nymbe* — C'est là qu'on s'amuse ! D'autant mieux que j'y ai donné rendez-vous à beaucoup de gens très gais !...

Monsieur entre doucement et s'approche à pas de loup. Arrivé tout près de Madame, il lui embrasse la nuque.

MADAME, *refermant vivement sa main sur la liste qu'elle s'efforce de faire disparaître.* — Voilà une bête de farce !

MONSIEUR. — Mais...

MADAME. — Vous m'avez fait une peur atroce !..

MONSIEUR, *gracieux.* — Est-ce que j'ai l'habitude de me faire annoncer chez toi, ma chérie ?

MADAME. — Non!.. Mais cette façon d'entrer en mettant une sourdine à vos pas... Sans compter qu'ordinairement vous avez toujours des bottines qui crient...

MONSIEUR. — Ai-je des bottines qui crient?

MADAME. — Toujours!.. Hier soir encore, pendant que M. de Ricciardo chantait, vous traversiez le salon en faisant un vacarme... On n'entendait plus rien....

MONSIEUR. — Avoue qu'on n'y perdait pas grand'chose... Il est crispant, cet Italien, avec ses bêtes de romances!..

MADAME, *indignée*. — Ses bêtes de romances! *Don Juan!!!*

MONSIEUR. — Oh! écorché par lui...

MADAME. — Enfin c'est toujours *Don Juan...*

MONSIEUR. — *Don Juan* ne suffit pas pour faire passer Ricciardo... D'ailleurs, Mozart est...

MADAME, *railleuse*. — Vous allez débiner Mozart?

MONSIEUR. — Tu critiques bien Van Dyck, toi ?

MADAME. — Je le critique... je le critique ici, mais pas ailleurs...

MONSIEUR, *gaiement*. — C'est précisément comme moi!.. Je critique Mozart, chanté par M. de Ricciardo... et encore uniquement parce que c'est chez moi, car il peut aller chanter dehors tant qu'il voudra, je dirai, si l'on veut, que ses piaulements sont adorables...

MADAME. — Vous n'aimez pas M. de Ricciardo?

MONSIEUR. — Oh! non !

MADAME. — Vous êtes jaloux de lui?

MONSIEUR. — Je ne lui fais pas cet honneur!

MADAME. — Il n'est pas mal, pourtant!

MONSIEUR. — Il est même très bien... pour ceux ou celles qui aiment les têtes de coiffeur et les allures de ténor; malheureusement, moi, je ne les aime pas... mais ne parlons pas de cet imbécile, ma chérie, parlons de toi...

MADAME, *résignée.* — Parlons de moi....

MONSIEUR. — Je viens t'enlever...

MADAME, *inquiète.* — M'enlever? Pourquoi m'enlever?

MONSIEUR. — Pour une promenade en voiture... Il y a deux jours que les poneys ne sont pas sortis, et...

MADAME. — Et vous désirez que, s'ils démolissent quelque chose, je sois là... Merci pour cette bonne pensée...

MONSIEUR. — Es-tu assez enfant? ils sont doux comme des moutons, tu le sais... tu es aussi en sûreté dans la victoria que dans la voiture aux chèvres... Allons, prends un chapeau et une fourrure quelconque et partons ! Il faut profiter du soleil...

MADAME. — Impossible !

MONSIEUR, *étonné*. — Comment impossible ? Pourquoi ? Il est une heure et demie, tu n'as rien à faire à présent... Vois, quel temps splendide !

MADAME. — Il ne pleut pas, voilà tout !...

MONSIEUR. — Nous irons à Versailles par Saint-Cloud et les bois !

MADAME, *gouailleuse*. — Prenez garde, c'est bien mondain ! La route de La Marche, même lorsqu'elle est déserte, peut évoquer des idées folâtres...

MONSIEUR. — Moqueuse !... (*Il l'embrasse.*) Viens-tu ?

MADAME. — Je vous ai dit que cela ne se peut pas...

MONSIEUR. — Comment ! c'est sérieux ?

MADAME. — Tout ce qu'il y a de plus sé-

7

rieux; j'ai des courses à faire, des courses que je ne puis remettre.....

MONSIEUR. — Quelles sont ces courses si importantes ou si pressées?

MADAME. — L'énumération ne vous amuserait pas...

MONSIEUR. — Tu te trompes, tout ce qui te concerne m'intéresse vivement... Mais, au fait, tu étais plongée, lorsque je suis entré, dans la lecture d'un petit papier...

MADAME. — Ma liste de commissions....

MONSIEUR. — Eh bien, montre-la moi?

(*Il ouvre doucement la main de Madame*).

MADAME. — Vous croyez que c'est un billet doux?

MONSIEUR. — Si je le croyais, je n'insisterais pas pour le lire...

MADAME. — Peut-être?

MONSIEUR, *dépliant la liste*. — « Deux heures et demie, rue de la Paix... » Qu'est-ce?

MADAME. — Pour mes chapeaux...

MONSIEUR. — Eh bien ! mais nous y passerons ensemble...

MADAME, *énervée*. — Ce sera touchant !...

MONSIEUR. — Cela t'ennuie ? J'attendrai dans la voiture. « Trois heures, chez Bartlett. » (*Surpris*.) Qu'as-tu à faire chez Bartlett ?...

MADAME. — J'ai des chevaux à essayer...

MONSIEUR, *stupéfait*. — Sans moi ?

MADAME. — Croyez-vous que je ne m'y connais pas aussi bien que vous ?

MONSIEUR. — Si... Mais... avoue qu'il est bizarre qu'une femme achète des chevaux, sans même prendre l'avis de son mari...

MADAME. — Nous n'aimons pas les mêmes modèles !

MONSIEUR. — Ah !

MADAME. — Vous le savez bien ; vous aimez les chevaux d'un mètre soixante, doublés, ramassés, trottant vite... Moi, au contraire, j'aime les grands carrossiers, lourds, majestueux, immenses ! des chevaux comme ceux qu'avait l'empereur !...

MONSIEUR. — Mais, tu n'a jamais vu les voitures de l'empereur !

MADAME, *rageuse*. — Qu'est-ce que ça fait ?

MONSIEUR. — Et de quel prix sont ces merveilles, que je ne dois connaître qu'après l'acquisition...

MADAME, *résolument*. — Vingt-quatre mille francs.

MONSIEUR. — La douzaine ?

MADAME. — Je n'ai pas du tout envie de plaisanter.....

MONSIEUR. — Ni moi non plus !... (*Continuant.*) « Quatre heures, courses pour les tentures. » Ah ! tu vas choisir les tentures ; te gênerai-je ?

MADAME. — Oh ! mon Dieu, non !...

MONSIEUR. — Allons, tant mieux ! « Cinq heures, chez la douairière de Recta. » (*Très étonné.*) Comment ? tu as de toi-même pensé à la douairière ?... Oh ! c'est gentil, ça, ma chérie !... Je t'accompagnerai ; je n'ai certes pas la prétention de rendre la visite amusante, mais enfin la corvée sera un peu diminuée.

MADAME, *à elle-même.* — Vlan ! pas moyen de causer, s'il est là ! (*Haut.*) Ne craignez-vous pas, en m'accompagnant, de... d'ôter à la démarche son caractère spontané... On croira que c'est vous qui m'avez traînée...

MONSIEUR. — Soit, tu entreras seule si tu le préfères, je t'attendrai à la porte. « Cinq heures et demie, chez madame de Nymbe. » Oh ! ici, je ne propose pas d'aller avec toi !

MADAME, *à part.* — Voilà une maison où je retournerai souvent !

MONSIEUR, *lisant.* — « A six heures, chez l'architecte. A six heures et demie rentrer pour recevoir N. et M. » Ah! peut-on savoir qui sont les heureux mortels dont la visite est attendue ainsi?

MADAME. — Ça vous intrigue?

MONSIEUR. — Pas précisément; d'autant moins que je crois connaître G. et M.

MADAME. — Voyons?

MONSIEUR. — Gransor et de Morion, je présume?...

MADAME, *se récriant*. — Ah! bien non! Je les ai assez vus à la campagne, ces deux-là!

MONSIEUR. — Qui donc, alors?

MADAME. — Le duc de Grenelle et M. de Marathon...

MONSIEUR, *abasourdi*. — Marathon! Vous allez recevoir Marathon?... un Grec!

MADAME. — Oh! de nationalité, seulement...

MONSIEUR. — Je ne vois pas pourquoi vous attirez ici...

MADAME. — Vous savez que le coupé m'attend depuis une demi-heure...

MONSIEUR. — Je suis à tes ordres ! ma....

Ils descendent.

MONSIEUR, *la regardant descendre.* Quels amours de petites patoches tu as, ma chérie !...

MADAME lui lance un regard furibond et se précipite dans le coupé : ils s'installent; on part.

MADAME. — Vous êtes absolument ridicule avec votre tutoiement et vos exclamations saugrenues !

MONSIEUR. — Il n'y avait personne !

MADAME. — Il y avait le valet de chambre qui arrangeait le collet de votre pardessus...

MONSIEUR, *distrait.* — Bah! il en a entendu bien d'autres !

MADAME. — Ah! vous faisiez souvent devant lui compliment à des *patoches* quelconques...

MONSIEUR. — Mais, je ne dis pas cela...

MADAME. — Eh! dites-le donc, au contraire! Ça me soulage, de savoir qu'avant moi vous en embêtiez d'autres!

MONSIEUR, *voulant changer le cours des idées de Madame.* — Tout cela ne m'explique pas pourquoi tu veux recevoir Marathon?

MADAME. — Parce qu'il a une voix de ténor ravissante...

MONSIEUR. — Ah!!! Ricciardo ne suffit plus!...

MADAME. — Il faut varier; on fera de la musique tous les mardis, et...

MONSIEUR. — Ah! on fera de la musique tous les mardis?...

MADAME. — Sans doute... (*Un temps.*) Nous sommes arrivés rue de la Paix... je vais essayer mes chapeaux... (*Elle descend et s'arrête au moment d'entrer sous la voûte.*) Ce sera long, vous savez?...

MONSIEUR, résigné, s'accote au fond de la voiture. Pour se distraire, il déploie la liste de commissions qui a un mètre de long.

— C'est de la folie! Jamais nous ne pourrons faire tout ça!... Quelle vie, mon Dieu! Enfin, si je n'étais pas monté en voiture avec elle, je ne l'aurais pas vue un instant seule jusqu'au dîner, car je parie que ces deux animaux-là ne partiront qu'à l'heure du dîner!... Heureusement, la soirée me reste... aujourd'hui!...

MADAME reparaît. Elle est suivie d'un monsieur, très joli garçon et très élégant, qui la dévore des yeux ostensiblement. Elle le

7.

regarde furtivement de côté, en montant en voiture. Le monsieur, qui ne voit pas *mon-sieur* caché dans son coin, reste planté sur le trottoir, suivant des yeux la voiture qui s'éloigne; puis, à son tour, il saute dans un coupé et suit. Madame se penche légèrement à la portière.

MADAME, *joyeusement.* — Il suit!... Il suit!... Oh! la bonne farce!...

MONSIEUR, *mécontent.* — Qu'est-ce encore, que celui-là?...

MADAME, *ravie.* — Je ne sais pas son nom, mais il a des yeux!... Et un chic!... Et puis, c'est si drôle!... Si vous saviez! il a lâché une grande dinde, à laquelle il faisait essayer des chapeaux, pour descendre en même temps que moi... Je voyais la façon dont il me contemplait et, à vrai dire, je flairais la chose, mais je ne m'imaginais pas qu'il planterait là la dinde avec cette désinvolture!...

(*Elle se penche à la portière.*) Il suit toujours... et il a un cheval splendide!... Un trotteur gris... Ah! regardez-le!

MONSIEUR, *vexé*. — En vérité, ma chère, vous poussez trop loin l'étourderie!

MADAME. — Parce que je ne prends pas de grands airs offensés? — Où va donc Jean? Vous n'avez pas dit...

MONSIEUR. — J'ai dit : « Rue Vivienne », pour les tapisseries...

MADAME. — Eh bien! Et Bartlett?

MONSIEUR. — Comme il est impossible de faire aujourd'hui tout ce que vous avez inscrit sur cette liste, et que vous sembliez pressée d'arranger la maison, je pensais qu'on pouvait remettre l'essai des chevaux...

MADAME. — Au fait, vous avez peut-être raison!... seulement, c'est pour le pauvre monsieur que ça va être gênant...

MONSIEUR. — Quel pauvre monsieur?

MADAME. — Le monsieur qui suit!.. Chez Bartlett, ça allait tout seul : il entrait sous la voûte, circulait dans les écuries; un homme trouve toujours quelque chose à dire chez un marchand de chevaux... tandis que dans un magasin de tapisserie, c'est différent!

MONSIEUR, *suffoqué*. — Comment, vous vous occupez de cet individu?...

MADAME. — C'est plutôt lui qui s'occupe de moi!...

MONSIEUR. — Et vous supposez qu'il aura l'audace de...

MADAME. —Oh! l'« audace » ! Pourquoi cet abus de grands mots? L'aplomb, tout au plus.....

On arrive rue Vivienne. Monsieur et Madame descendent de voiture et entrent dans la maison.

Le monsieur sort de son coupé, hésite un instant à la vue de Monsieur et enfin se décide à entrer aussi.

Au bout de trois quarts d'heure, Monsieur et Madame reparaissent. Madame est souriante; Monsieur semble furieux.

MONSIEUR, *exaspéré*. — C'est la dernière fois que je vous accompagne!...

MADAME, *tranquille*. — Vous aurez bien raison, mon ami!... Rien n'est plus grotesque qu'un monsieur collé aux jupons d'une femme...

MONSIEUR. — Cependant, quand cette femme est la sienne...

MADAME. — Raison de plus...

MONSIEUR, *interloqué*. — Ah!!!

MADAME, *riant*. — Si vous vous étiez vu là-haut, vous étiez d'un drôle!... Vous n'y entendez rien du tout; le commis lui-même ne pouvait pas s'empêcher de rire...

MONSIEUR. — Ah! c'est ça! Parlons un peu du commis! Un idiot, coiffé à la capoul, décolleté, étalant ridiculement des étoffes du bout des ongles... des ongles de cinq centimètres de long! Et il faisait le joli cœur! Il avait le toupet de vous examiner et de faire un œil en coulisse quand il vous parlait! vous ne vous aperceviez pas de ça, vous, mais...

MADAME. — Pardon! Je m'en apercevais parfaitement.....

MONSIEUR. — Oh! Et vous n'êtes pas indignée, exaspérée?...

MADAME. — Mais non!... Pourquoi m'indignerais-je? Cela prouve que ce garçon n'avait pas ses yeux dans sa poche; voilà tout!

MONSIEUR. — Et l'autre?... celui que vous avez amené de chez la modiste!

MADAME, *riant toujours.* — Ah bien! par exemple, il n'a pas été gênant, celui-là! Il s'est tenu à l'écart, discrètement...

MONSIEUR. — Discrètement! Un monsieur qui suit... en voiture!

MADAME. — Ah! il ne vous avait pas vu!... au début, il tâtonnait... Vous direz tout ce que vous voudrez, moi, je le trouve très bien, ce monsieur!

MONSIEUR, *résigné*. — Viendra-t-on demain pour les étoffes?

MADAME. — Non, on les enverra simplement...

MONSIEUR. — Mais... pour décider...

MADAME. — Décider? C'est fait...

MONSIEUR. — Comment... Aussi légèrement... sans revoir...

MADAME. — Ah! Je n'ai pas besoin de revoir... Je ne suis pas comme vous, moi!... toujours à hésitailler, à réfléchir... Je regarde vite, et je tranche de même; c'est bien plus pratique...

MONSIEUR. — J'aime à croire que ce

monsieur ne nous suit pas chez madame de Recta?...

MADAME. — Tant pis! C'est une petite distraction jetée au milieu de cette insipide journée!...

MONSIEUR. — Très gracieux!

MADAME. — Dame! croyez-vous que je m'amuse?

MONSIEUR. — Je crois, dans tous les cas, que je ne vous gêne pas beaucoup?

MADAME. — Vous ne me gênez pas? Ah! par exemple! Vous grinchez, vous bougonnez tout le temps!... Avec vous, je n'ai même pas le droit d'être suivie tranquillement!.. (*La voiture s'arrête à la porte de l'hôtel Recta.*) Quelle heure est-il?

MONSIEUR. — Cinq heures et demie.

MADAME. — Alors, nous n'avons plus le temps d'entrer...

MONSIEUR. — Mais si, puisque c'est à six

heures et demie seulement que vous devez rentrer pour recevoir.

MADAME. — Oui, mais il y a madame de Nymbe que je tiens absolument à voir aujourd'hui...

En descendant chez madame de Nymbe, Madame se retourne gracieusement vers Monsieur qui ne bouge pas :

— Eh bien, vous ne venez pas?

MONSIEUR. — Non, merci!

MADAME, *à elle-même*. — Ouf! J'ai eu peur!... J'ai cru qu'il allait se décider...

Elle entre.

MONSIEUR se renfonce de nouveau dans son coin, et se replonge dans ses réflexions.

—Je suis stupide ! Je le sens! je m'en rends parfaitement compte, et je n'ai pas le courage d'être autrement!... C'est de la folie! Je serai d'ici à peu absolument ridicule... si je ne le suis pas déjà?... Que faire, mon Dieu! Faut-il serrer la gourmette ou, au contraire, la lâcher?... Je me suis marié pour avoir une femme à moi... et elle n'est pas du tout, mais du tout à moi, en somme!...

MADAME reparaît, escortée d'un essaim de gommeux; elle semble radieuse.

UN DES GOMMEUX, *ouvrant la portière.* —Madame... Tiens, vous!... Bonjour! Pourquoi êtes-vous en pénitence dans ce coin?

MADAME, *riant de tout son cœur.* — Il n'a pas voulu monter!

DEUXIÈME GOMMEUX. — Et il attend dans la voiture! Ah! c'est gentil tout plein, ça! Quel mari modèle!

Saluts, compliments, adieux, etc... On part.

MADAME. — Il est certain que c'est une drôle de façon de passer votre temps!

MONSIEUR. — Si vous vouliez m'aider à le passer autrement, je ne demanderais pas mieux...

MADAME, *câline*. — Ne me dites-vous pas toujours qu'il faut remplir mes devoirs de société? (*Elle se serre contre lui.*)

MONSIEUR, *impressionné*. — Tu ne peux pas me reprocher de t'engager à aller chez madame de Nymbe, toujours?...

MADAME. — Cette pauvre madame de Nymbe!... Vous lui en voulez donc bien?...

MONSIEUR. — Je n'en veux à personne, quand tu me regardes comme ça !

MADAME. — A la bonne heure!... Nous allons bien presser les tapissiers, n'est-ce pas? je voudrais commencer à recevoir dans quinze jours...

MONSIEUR. — A recevoir?...

MADAME. — Oh! des dîners seulement, pour débuter... Un grand dîner tous les lundis, et un petit, intime, une douzaine de personnes seulement, le jeudi. Après nous verrons...

MONSIEUR, *agacé*. — Ah! ce ne sera pas tout?

MADAME. — Nous donnerons six bals et deux fêtes costumées...

MONSIEUR. — Et où trouverez-vous le temps de vous occuper de tout cela? Vous faites des projets fous!... Vous croyez que, pour retourner la maison de fond en comble, il faut quinze jours; je vous dis, moi, qu'il faut six mois!.. Vous aviez inscrit sur cette liste dix fois autant de choses que vous pouviez en faire aujourd'hui, pour tout vous calculez de même... Je vais vous démontrer ce soir...

MADAME. —Ce soir? Ce soir, vous écouterez *Francillon* bien tranquillement.

MONSIEUR.—Patatras! Je n'y pensais plus!

MADAME. — Surtout, n'oubliez pas que nous dînons à sept heures. Nous partons à huit heures et demie...

MONSIEUR. — Allons! bon! On va bientôt supprimer les repas, pour commencer; après, on supprimera le sommeil... Ah! mais, je ne veux pas mener cette existence-là!... Je veux vivre un peu pour moi... Car, où suis-je, moi, dans tout ça?... Je ne vous ai jamais!... vous êtes à qui vous occupe ou vous admire!... Quelle est ma place là-dedans? Que suis-je?

MADAME, *gaiement.* — Vous êtes le mari de la reine! Vous vous dites : « Tout ça, c'est à moi! Les autres admirent et désirent, moi j'ai! » Il me semble que c'est assez joli!

MONSIEUR. — Ce n'est pas mon avis... et je veux, vous m'entendez bien, que cette vie désordonnée prenne fin; je veux que vous ayez les allures et la tenue qui conviennent à une femme de votre âge, je veux...

MADAME. — Ah ! nous n'allons pas recommencer cette lyre, n'est-ce pas ? Et nos conventions ? Vous les oubliez, nos conventions ? Promesse de rendre la main ! de faire des concessions !

MONSIEUR. — Mais...

MADAME, *rageuse*. — D'abord, si vous continuez à vous jeter à travers mes petits projets... je retourne chez mon avocat !

MONSIEUR, *sautant en l'air*. — Comment, vous y retournez ? Vous y êtes donc allée déjà ?

MADAME, *complètement emballée*. — Un peu ! et il m'a donné des conseils excellents ! et il est charmant, mon avocat ! il a un boudoir comme une cocotte et des meubles exquis ! d'un moelleux !!!

MONSIEUR, *anéanti*. — Elle est allée chez un avocat !

La voiture s'arrête : on est arrivé à l'hôtel.

FANFARES DE CHASSE

Le grand salon du château. Après le dîner.

MONSIEUR.

MADAME.

Les invités de la première série sont partis et ceux de la seconde ne sont pas encore arrivés.

MADAME, *regardant la pendule, à part.*
— Neuf heures !... seulement !...

MONSIEUR, *s'allongeant dans une ganache,* *les pieds sur les chenets.* — Quelle bonne soirée ! ma chérie !... On a beau dire, il n'y a encore rien de tel qu'un bon petit tête-à-tête... Nos amis sont charmants, mais ils m'empê-chent de jouir de toi... et je suis bien heu-reux de ce petit repos... Le froid pique ce soir !... La saison de chasse sera superbe !... Lavigne dit qu'il y a des cerfs et des che-vreuils plus qu'il n'en a vu depuis 1862 !...

MADAME, *à part.* — Oh ! la chasse !... L'ennui ne suffit pas... il faut y joindre la fatigue !...

MONSIEUR. — Oh !... nos belles chasses !!.. il me semble que j'y suis déjà... Dis donc, chérie, veux-tu être bien gentille ?

MADAME, *inquiète.* — Quoi ?...

MONSIEUR. — Mets-toi au piano... là... veux-tu ?.. et puis joue-moi les fanfares, toutes les fanfares... Tu veux bien, n'est-ce pas ?

MADAME, *se levant.* — Je veux bien!...(*A part.*) J'aime encore mieux ça que causer...

Elle ouvre le piano. Monsieur s'installe dans la bergère qu'elle vient de quitter, se cale avec des coussins, et prend une pose attentive.

MADAME au piano.

MONSIEUR, *chantonnant.*

Ami, c'est le jour,
Et nous partis avant l'aurore
Qui tout dore,
Marchons sans détours...

— Ce n'est peut-être pas remarquable

8

comme poésie, mais c'est naïf et frais... Il vous monte au cerveau un parfum d'honnêteté en écoutant cette musique... et quels bons souvenirs se pressent en foule !... Je revois toutes mes chasses... et Dieu sait s'il y en a !... Oh ! le *Point du jour !*... quand, les matins de chasse, mon vieux Lavigne s'époumone à nous sonner ça dans la cour... avec quelle joie je m'habille et je me précipite pour voir si tout marche bien... C'est un réveil délicieux !...

MADAME, *rêvassant au piano sans cesser de jouer.* — Cette sonnerie est certainement celle que je déteste le plus ! Oh ! Dieu ! être là, bien blottie, dormant profondément, et tout à coup éveillée en sursaut par ces sons discordants... penser qu'il va falloir s'arracher à cette bonne chaleur, se lever trois heures plus tôt qu'à l'ordinaire, s'habiller à la hâte, monter à cheval après avoir déjeuné sans faim, en se dépêchant, sans causer... et tout ça, pourquoi ?... si encore la chasse amusait, la fatigue ne serait rien !...

Elle change de sonnerie et joue :

MONSIEUR. — Ah !... la *Sortie du chenil...* Il fredonne :

> Sortez du chenil,
> Mes vaillants limiers,
> Il faut aujourd'hui faire belle chasse,
> Montrez mes bons chiens,
> Montrez votre race...
> Franchissez buissons et halliers !...

MADAME, *énervée.* — Allons, bon !... il chante à présent !...

MONSIEUR. — Tu dis, ma chérie?

MADAME. — Je ne dis rien...

MONSIEUR. — Moi non plus!... Je rêve!...
Vraiment, il me semble que je vois nos bons
toutous sortir joyeusement de leur chenil et
s'élancer dans la cour... Je crois sentir leurs
nez, froids comme des glaçons et leurs belles
oreilles traînantes, douces comme de la
peluche... Pauvre bêtes!... Est-ce assez bon,
assez intelligent, assez dévoué, un chien?...
Je trouve que, pour les services qu'ils rendent,
ils ne sont pas assez poussés en viande... Je
pense supprimer le pain de suif... et aug-
menter la commande de boucherie de cheval...
ça les fortifie davantage.....

MADAME, à part. — Cette sortie du chenil
me rappelle un souvenir désagréable!.. C'est
là que, pour la première fois, j'ai vu mon
mari ridicule... tout à fait!... un des chiens
l'avait renversé et aussitôt les autres avaient

sauté dessus !... Ce pauvre Paul ne pouvait pas s'en dépêtrer... il était coiffé !... Ce que j'ai ri !... pourtant j'étais vexée !... Quand je dis vexée, c'est inexact... je ne puis définir nettement la sensation que j'éprouvais... C'était un mélange de contrariété de le voir dans cette position grotesque, et puis, au fond, je n'étais pas fâchée qu'il perdît son prestige!...

MONSIEUR. — *Le Départ !!*

Chasseur, voici l'aurore,
Phébus vient l'avertir.
Quand tout sommeil encore...
C'est l'heure de partir...

8.

— En avons-nous fait, de ces départs bruyants, gais, mouvementés?... Je revois Saint-Leu, ne pouvant pas parvenir à monter sur son rossard d'alezan, qui souffrait des reins et avait pris le parti de ne plus laisser approcher de lui son cavalier!.. et toi, ma chérie, toi, ficelée dans ton habit bleu de roi... Ce que tu es gentille là-dedans !...

MADAME, *à part*. — Je le crois bien que je suis gentille ! Mais, comme il n'y a per- sonne qui sache me le dire agréablement, c'est comme si je ne l'étais pas...

MONSIEUR, *criant*. — *Volcelet ! ! !*

Le chien a repris la voie !
Il dit vrai !
Suivez ! le pied reparaît
Vers la forêt.

— Quelle fête, hein? est-on assez content d'apercevoir le pied ! Et quand c'est un beau pied, la joie se change en délire !... et les fumées, donc !... Quand elles sont bien moulues, bien digérées, bien fraîches !... qu'on se rend compte que l'animal a dû passer par là récemment,... on est radieux !... quand, au contraire, on rencontre de vieilles fumées aigres, les nez s'allongent... Ça te fait rire, toi, quand les nez s'allongent ?...

MADAME, *à part*. — Rire? Ah! Non!... Quand on sonne le *Volcelet*, c'est qu'il y a une bête de chasse !...Ça promet une journée entière d'ennui... Quand on n'attaque pas, au contraire, on rentre. Je sais bien que,

puisque la chasse ne m'amuse pas, je pourrais me dispenser de chasser, mais qu'est-ce
que je ferais alors ?

MONSIEUR. — *Laissé-courre !!* tu tu tu
tu... tu tu... tu tu tu tu... Oh ! L'attaque !...
C'est certainement un des instants les plus pal-
pitants de la chasse... pour les fins chasseurs,
s'entend, car les autres ne savent pas appré-
cier cette sensation exquise... exquise n'est
pas assez dire...

MADAME, *énervée.* — Comment il ne s'endort pas ?... Il est là à fredonner des tu tu ...

tu tu tu tu !... avec des points d'orgue !...
Ça m'agace moins, du reste, que les paroles...
C'est au moment du *Laissé-courre* que cet
imbécile d'Adonys m'a fait sa dernière déclaration... déclaration très pressante... dont
je n'entendais que des bribes... à cause
du vacarme... il m'ennuyait, mais enfin
j'aurais désiré écouter que c'eût été tout
pareil...

MONSIEUR. — Le *Lancé !!!*

Chasseurs, en place !
Et rangeons-nous...

MADAME, *suppliante.* — Grâce! ne chantez pas?... Est-ce que, de vous les jouer, ça ne suffit pas?...

MONSIEUR. — Tu n'aimes pas que je chante... il fallait me le dire tout de suite... C'est que c'est si enlevant, cette fanfare!.. Et la chose en elle-même, donc!... Cet instant sublime, où le cerf bondit en apercevant les chiens... L'an dernier, au moment du lancé, v'lan! je casse une sangle!... Ah! je n'ai guère songé à la rattacher... je suis parti derrière les chiens, comme un fou...

MADAME, *à part.* — Je m'en rapporte à lui!.. Moi, ça me fait du chagrin de voir ce pauvre cerf fuir effaré devant les chiens... C'est barbare, immoral, la chasse à courre!... On devrait défendre de faire souffrir ainsi les animaux!.. Et quelle bousculade que ce lancé! On invite trop de monde... La moitié du lot de chasseurs ne se doute pas de ce que c'est que monter à cheval... c'est-à-dire, rester sur un cheval quelconque pendant quatre, cinq ou six heures; quant à le diriger, il n'en est même pas question...

MONSIEUR, *s'agitant dans sa bergère.* — La *Vue!!!*

> J'ai vu, j'ai vu la bête !
> Amis, sonnons, sonnons!..

— Pardon... j'allais recommencer à fredonner... J'oubliais que ça t'agace...

MADAME. — S'il pouvait avoir sommeil?... bien sommeil!...

MONSIEUR. — Le *Change!*... Quel plaisir de surprendre le change, de se dire : il est malin, cet animal, ce superbe animal!.. eh bien! Bibi est encore plus malin que lui... Jamais je n'y suis pris, du reste; j'évente la ruse... Ah! dame, quand on a chassé dès le berceau...

MADAME, *à part.* —Oh! cette fanfare!... C'est, je crois, la plus énervante à entendre!.. elle rappelle les longueurs, les tracas, en un mot tous les embêtements qui constituent ce qu'on appelle « un royal passe-temps » !...

MONSIEUR, *faisant le mouvement de pousser un cheval en avant.* — *Le débucher!...* Ça débuche! Un bon galop!... tou! tou! tou! les bons chiens! Oh! les bons chiens!... bien en peloton, ne s'égrenant pas en route et suivant ferme... sans retard, sans défaillance... en fermant les yeux, je les vois, je les vois!...

MADAME, *à part.* — Oh! ces débuchers glacials!... on a l'onglée; le vent souffle en

9.

même temps de tous les côtés!... on ne sait comment se réchauffer... On se sent les joues fouettées, les oreilles bleues et le nez violet!.. dans ces moments-là, il semble qu'on accorderait n'importe quoi à qui vous offrirait de vous faire entrer dans une chambre chaude et parfumée...

MONSIEUR, *au comble de la joie.* — *L'hal-lali par terre!* La reine des fanfares! les chiens se précipitent... Sont-ils courageux, dis? N'est-ce pas qu'ils sont courageux? Il faut absolument avoir une nouvelle trousse et une nouvelle pharmacie... les aiguilles ne cousent plus, elles sont épointées; la dernière fois, Lavigne et moi, nous n'avons jamais pu percer les deux morceaux de l'oreille de Rita...

MADAME, *à part*. — C'est odieux, cet hallali!... Cette pauvre bête qui vous regarde... Sans compter les chiens abîmés ! et puis, tout ce sang !... Celui qui sert la bête me fait toujours penser à un boucher... Depuis que j'ai vu M. d'Adonys servir un cerf, je ne peux plus dîner à côté de lui sans être écœurée !...

MONSIEUR, *chantant :* — *La curée !..*

> Le ciel scintille
> Nous avons vaincu
> Le couteau brille
> Le cerf a vécu...

Il se lève.

— Quelle bonne soirée ! qu'en dis-tu ma chérie ?...

MADAME. — Excellente !... (*A part.*) Heureusement il n'y en aura qu'une, comme ça !.. il ne faut pas abuser des bonnes choses !

LES AILES DE L'ANGE

Dans un fumoir très confortable :

M. DE FYNASSON. Cinquante-six ans ; belle prestance ; grande allure ; tenue correcte. Redingote à la Berryer. Air un tantinet provincial.

LE VICOMTE D'ÉBROUILLAR. Trente-quatre ans ; pas trop défraîchi ; air très doux ; tenue extrêmement élégante ; Parisien jusqu'au bout des ongles.

M. DE FYNASSON, *voyant d'Ébrouillar tirer vainement sur son cigare.* — Est-ce que ce cigare ne se fume pas bien ? (*Il fait un mouvement pour en prendre un autre dans une grande cassette posée sur la table.*)

D'ÉBROUILLAR. — Si fait... si fait !.. il se fume à merveille !... (*A part.*) Une feuille de chou, bouchée !... Ah !... ce ne sont plus les cigares d'avant la demande !...

M. DE FYNASSON. — Ne vous entêtez pas... Prenez-en un autre... croyez-moi... (*Il lui pousse la boîte.*)

D'ÉBROUILLAR. —Mille remerciements !.. (*A part, louchant sur les cigares de la boîte.*) Tous les mêmes !... Pas la peine de changer !...

M. DE FYNASSON, *légèrement embarrassé.* —Dites-moi, mon cher enfant,.. car, vous me permettez de vous appeler ainsi, n'est-ce pas?...

D'ÉBROUILLAR, *d'un air gracieux.* — Mais comment donc!... (*A part.*) Je prévois une tuile!...

M. DE FYNASSON. — Dans quelques semaines, vous serez, non pas mon gendre, mais mon fils...

D'ÉBROUILLAR, *cherchant la note émue.* — Oh!... Monsieur!...

M. DE FYNASSON. — J'ai à vous communiquer une idée qui nous est venue... au sujet de la dot... à mon notaire et à moi...

D'ÉBROUILLAR. — ....

M. DE FYNASSON. — Nous devons, d'après les conventions faites et acceptées de part et d'autre, vous compter 600 000 francs. C'est bien cela, n'est-ce pas?...

D'ÉBROUILLAR, *d'un air détaché.* — Sans doute, mais à quoi bon, puisque c'est chose convenue, revenir sur ce sujet?...

M. DE FYNASSON. — Parce que, comme

je vous le disais tout à l'heure, nous avons eu une idée que je crois excellente...

D'ÉBROUILLAR, *inquiet.* — Ah!...

M. DE FYNASSON. — Vous n'avez pas d'habitation... et vous ne pouvez rester toute l'année à Paris?...

D'ÉBROUILLAR, *vivement.* — Mais nous voyagerons!... Nous irons à la mer... en Suisse.., en Suède!... c'est tout à fait bien porté, le voyage en Suède!...

M. DE FYNASSON. — Ta ra ta ta!... tout ça, c'est très joli dans le présent... parce que vous vous envolez, comme deux oiseaux qui n'ont qu'à ouvrir leurs ailes pour aller se poser où ils voudront... Mais plus tard?... l'année prochaine, quand vous aurez à traîner un tas d'enfants...

D'ÉBROUILLAR, *modeste.* — Oh! un tas!.. pas encore...

M. DE FYNASSON. — Mettons dans

9.

plusieurs années !... On ne peut pas toujours voltiger ainsi de branche en branche !...

D'ÉBROUILLAR. — Eh bien! nous irons vous demander, pendant trois ou quatre mois, l'hospitalité à la Vieille-Roche...

M. DE FYNASSON. — C'est précisément de la Vieille-Roche que je veux vous parler... Le château et la terre valent 900 000 francs; Gilberte y est née; elle adore ce pays, véritable pays de cocagne, d'ailleurs... — Voulez-vous, qu'au lieu des 600 000 francs purs et simples convenus entre nous, je donne en dot à Gilberte la Vieille-Roche?... Ce sera pour vous une excellente affaire... et je ferais volontiers ce sacrifice...

D'ÉBROUILLAR. — C'est vraiment trop de bonté !...

M. DE FYNASSON. — Mon cher enfant, le rôle des parents est de se sacrifier... à l'occasion... (*Il tire d'un tiroir un immense*

papier couvert de chiffres et d'écritures.)
Voici le détail des revenus... des différents
produits... le relevé du mobilier... Vous
m'écoutez?...

D'ÉBROUILLAR. — Je suis tout oreilles...

M. DE FYNASSON. — Je vais vous montrer
les très grands avantages qu'offre pour vous
cette nouvelle combinaison... Et, d'abord,
vous connaissez la Vieille-Roche?... La construction est du treizième... pur treizième...

D'ÉBROUILLAR. — Très pur!...

M. DE FYNASSON. — Tourelles, chemins
de ronde couverts, donjon — c'est là qu'est
la galerie de portraits — salons immenses,
billard, salle de justice, écuries royales,
fourches patibulaires à trois piliers, pont-
levis, oubliettes, — enfin tout ce qui est
nécessaire et confortable...

D'ÉBROUILLAR. —......

M. DE FYNASSON. — Avez-vous remar-

qué les cheminées?... Admirables, les cheminées !... On y peut brûler des arbres entiers !.. et les trappes qui servaient à faire
tomber dans les oubliettes, donc!... inouïes
comme mécanisme!... Ah! ces soi-disant
primitifs étaient des gens bien forts !.. J'ai
respecté plusieurs de ces trappes... il y en
a même une dans l'office, où je crains
toujours de voir disparaître un domestique...
Mais, là n'est pas l'important...

D'ÉBROUILLAR. — ....

M. DE FYNASSON. — La terre qui entoure
le château est superbe, une terre magnifique!... lourde, grasse... on en mangerait !..
D'ailleurs, vous l'avez admirée, cette qualité
de terre?...

D'ÉBROUILLAR. — La terre de ce pays est
fort remarquable, en effet...

M. DE FYNASSON. — Je vais maintenant
vous donner connaissance des chiffres de

revenu et vous indiquer le moyen d'obtenir lesdits chiffres, en faisant rendre à la terre tout ce qu'elle peut rendre... Le revenu de la Vieille-Roche est de 45 000 francs net...

D'ÉBROUILLAR. — Oh ! c'est splendide !...

M. DE FYNASSON. — Voici les chiffres à l'appui de ce que j'avance...

D'ÉBROUILLAR, *s'installant*. — J'écoute religieusement.

M. DE FYNASSON. — 1° La vente du lait, du beurre et du fromage est d'un très grand rapport... C'est le Livarot, le Munster et le Brie, que nous vendons le plus...

D'ÉBROUILLAR, *stupéfait*. — Comment ! vous achetez du fromage pour le revendre ?...

M. DE FYNASSON. — Jamais !

D'ÉBROUILLAR. — Alors, pourquoi me dites-vous que c'est le Munster, le Brie et le Livarot qui...

M. DE FYNASSON. — Naïf !!! C'est nous qui

les fabriquons !.. et bien d'autres encore !...
le Romatour, le Coulommiers, le Chester, le
Neufchâtel (en bondon et autrement), le
fromage double crème (dit petit Suisse),
le Camembert, voire même le Roquefort...
Nous arrivons à douze mille, haut la
main...

D'ÉBROUILLAR. — Douze mille fromages !
mâtin !... c'est joli !...

M. DE FYNASSON. — Eh non !... Douze
mille francs !... sans compter le beurre que
nous fabriquons avec un égal succès ; beurres
fins ou autres, envoyés à Paris en mottes et
en paniers. Il y a encore là pour trois ou
quatre mille francs de beurres de Bretagne,
d'Isigny, ou de Bayeux, au choix...

D'ÉBROUILLAR, *avec admiration*. —
Tout ça fabriqué à la Vieille-Roche ?

M. DE FYNASSON. — Tout ça ! Le revenu
d'élevage est aussi très considérable. Par

exemple, il faut s'occuper beaucoup des bêtes, les faire multiplier surtout...

D'ÉBROUILLAR, *distrait et gracieux.* — Elles se prêtent, sans doute, à ce désir... les bêtes?

M. DE FYNASSON. — Le produit des poulinières est assez minime, parce que je n'en ai habituellement que quatre; ça ne monte guère qu'à deux mille francs environ... quatre poulains à cinq cents francs, l'un dans l'autre....

D'ÉBROUILLAR. — C'est superbe !... à quel âge les vendez-vous donc?

M. DE FYNASSON, *un peu embarrassé.* — Je ne sais pas trop !.. Je m'occupe plutôt des vaches, et ça, ça me connaît! On obtient, par de savantes combinaisons de croisements, des résultats vraiment merveilleux et infiniment variés et intéressants; des Durham-Charolais, des Durham-Manceau, des Nivernaises, des Limousines... On en vend facilement pour une quinzaine de mille francs par an...

D'ÉBROUILLAR. — Rien que des vaches!...

M. DE FYNASSON. — Mais oui!.. le reste, c'est-à-dire les cochons, poules, lapins, dindons, pigeons, etc... pousse tout seul et produit aussi pas mal d'argent, sans exiger aucun soin... Je choisis de préférence le porc normand, tout blanc... c'est celui qui réussit le mieux... le craonnais rose a bien aussi sa valeur, mais il est plus délicat, et devient anémique pour oui ou pour non... d'ailleurs, je vous conseillerai...

D'ÉBROUILLAR. — Vous êtes vraiment trop bon...

M. DE FYNASSON. — Du tout, mon cher enfant, du tout, ce sera un plaisir pour moi !... (Reprenant.) Nous disions donc trois mille francs de cochons... puis, vous trouverez tout le matériel d'exploitation en parfait état... faucheuses avec appareil à moissonner;

herses à quinze rangs de dents doubles ; concasseur de tourteau à double effet avec poulie ; coupe-racine à disque ; batteuse-locomobile à manège et à vapeur ; hache-paille sur pieds avec trois lames et poulins ; botteleuse à bascule ; tondeuse de gazon excelsior ; tonneau à purin ; presses à fourrage ; tondeuses pour chevaux et moutons ; sécateurs ; échenilloirs, etc..., etc...

D'ÉBROUILLAR. — ....

M. DE FYNASSON. — La question engrais mérite aussi d'être sérieusement traitée ; le fumier, le purin surtout, sont certainement les premiers, (après le guano bien entendu), mais comme on n'en peut avoir la quantité suffisante, sans en acheter, et que c'est une dépense qui ne fait pas honneur, je vous avouerai en toute sincérité, qu'à la Vieille-Roche, j'utilise comme engrais les déjections humaines...

D'ÉBROUILLAR. — Voyez-vous ça !

M. DE FYNASSON. — Eh ! sans doute !.. en France, on gaspille tout avec une coupable incurie ! ... je lisais, à ce sujet, un article très remarquable dans la *Revue*...

D'ÉBROUILLAR. —... *des Deux-Mondes?*

M. DE FYNASSON. — Non, *Agricole*... une revue très bien rédigée, que je reçois... Ces... choses, qu'on néglige trop souvent d'employer, représentent une richesse immense... elles sont éminemment azotées et beaucoup plus riches que le fumier en matières phosphorées. Un seul homme suffit pour fumer en un an un demi-hectare, tandis qu'il faut trois chevaux pour atteindre au même résultat... Oh ! j'ai fait le calcul !...

D'ÉBROUILLAR. — C'est très curieux !...

M. DE FYNASSON. — N'est-ce pas? Cet engrais, peu employé dans le centre de la France, est très estimé en Flandre ; ainsi, par exemple, un hectare de lin est acheté vert trois mille francs, si le fermier peut prouver qu'il a été arrosé avec ledit engrais; tandis que, dans le cas contraire, il n'excède pas quinze cents francs!... Mais revenons à nos moutons...

D'ÉBROUILLAR. — C'est ça, revenons-y!..

M. DE FYNASSON. — La vente des fourrages (votre consommation réservée naturellement) atteint quatre ou cinq mille francs...

D'ÉBROUILLAR. — C'est gentil!...

M. DE FYNASSON. — La betterave est aussi d'un bon rapport; j'ai jusqu'ici fait beaucoup de betterave!.. elle réussit bien à la Vieille-Roche; mieux que le colza qui verse, et que le blé, qui coulerait volontiers... La betterave blanche, à collet vert ou rose, pousse également bien, celle de Magdebourg aussi... et les navets donc!... Ah! mon enfant, les navets!... leur culture, bien comprise, peut être une source de fortune!..tous se plaisent dans notre excellent terrain; navet de Meaux; navet plat blanc hâtif; navet boule d'or; navet long noir sucré; navet Turneps!... tous enfin!... Il est vrai de dire qu'ils sont soignés, ah! mais, là, avec amour!... D'abord, je les sépare de façon à laisser entre eux quatre-vingts centimètres, dans tous les sens!... Puis l'engrais, alors en masse solide, est découpé en belles tranches et délayé dans l'eau, de manière à former une purée liquide. On transporte cette purée au moyen de tonneaux traînés par des chevaux, et les hommes, munis de grandes cuillers, de très grandes cuillers, donnent à chaque navet sa ration d'engrais... Après cette opération-là, le légume pousse avec une énergie dont vous n'avez pas idée...

D'ÉBROUILLAR. — Si, vraiment!

M. DE FYNASSON. — La vente des bette-

raves et navets (je laisse toujours le nécessaire à la consommation du château et des
bêtes) varie entre huit et dix mille francs...

D'ÉBROUILLAR. — Bigre !... huit à dix
mille francs de navets !...

M. DE FYNASSON, *triomphant.* — Parlons
à présent de notre principal revenu...

D'ÉBROUILLAR. — Le principal revenu?

M. DE FYNASSON. — Oui... les pommes !
Mes pommes ont une réputation, elles me
sont achetées très cher !.. les gourmets du
pays ne feraient pour rien au monde leur
cidre avec d'autres pommes que celles de la
Vieille-Roche !... Donc mettons douze mille
francs les années ordinaires !...

D'ÉBROUILLAR. — Douze mille francs !...
Comme le fromage ! C'est splendide !...

M. DE FYNASSON, *d'un air détaché.* — Je
ne vous parle pas des mille petits profits tels
que la vente des œufs, des poulets, lapins,

miels, tout ça est considéré comme surplus du revenu... Je ne compte pas ça...

D'ÉBROUILLAR, *interrogativement.* — Mais ça rapporte?

M. DE FYNASSON. — Euh, euh... pas moins de cinq et pas plus de sept...

D'ÉBROUILLAR. — Eh bien! mais, avec sept cents francs, on a un cheval de chasse... pour mon poids...

M. DE FYNASSON. — C'est cinq ou sept mille que je voulais dire...

D'ÉBROUILLAR, *jouant la stupeur.* — Oh!!! mais alors, Monsieur, vous seriez absolument volé, si j'acceptais votre généreuse proposition... Seulement, vous pouvez être tranquille; je ne l'accepterai pas...

M. DE FYNASSON, *inquiet.* — Pourquoi?

D'ÉBROUILLAR. — Parce que j'aime mademoiselle Gilberte, et que les 600 000 francs de dot que vous lui avez promis et qui rapportent, je crois, 23 000 francs de revenu, sont plus que suffisants pour...

M. DE FYNASSON. — Gilberte ne serait peut-être pas de cet avis, elle ! Croyez-en ma vieille expérience ! jamais un jeune ménage n'a trop d'argent à dépenser...

D'ÉBROUILLAR. — Et quand cela serait?.. la **Vieille-Roche**, si elle était à nous, ne rapporterait pas le beau revenu que vous m'annoncez...

M. DE FYNASSON, *un peu décontenancé.* — Comment cela?... Que voulez-vous dire?..;

D'ÉBROUILLAR, *l'air naïf.* — Mais tout simplement que cette admirable terre resterait, entre mes mains, improductive. Je ne connais rien à l'agriculture et j'abîmerais ce pays de cocagne... tandis que vous, qui avez l'habitude de faire valoir...

M. DE FYNASSON. — Je deviens vieux... je n'ai plus besoin de gros revenus...

D'ÉBROUILLAR. — Non, mais vous avez plus que jamais besoin d'activité et de mouvement... Si vous y tenez absolument, vous ajouterez à la dot 37 000 francs de pension, et tout sera dit...

M. DE FYNASSON, *effaré*. — Comment ! 37 000 francs de pension?...

D'ÉBROUILLAR. — Oui, la différence entre 23 000 et les 60 000 francs que produit la Vieille-Roche...

M. DE FYNASSON. — 60000 francs, la Vieille-Roche ? jamais !...

D'ÉBROUILLAR. — Dame !.. c'est vous qui venez de me faire le compte... (*Voyant que M. de Fynasson fait un mouvement pour redéployer son papier.*) Oh ! je l'ai là !... (*Il se touche le front.*) Nous disons :

Fromages......................	12.000
Beurre........................	4.000
Poulains......................	2.000

Cochons.......................	3.000
Betteraves et navets............	10.000
Vaches.......................	15.000
Fourrages....................	5.000
Pommes......................	12.000
Choses non comptées...........	7.000

12 et 4 font 16, et 2 = 18, et 3 = 21, et 10 = 31, et 15 = 46, et 5 = 51, et 12 = 63, et 7 = 70!!!   70.000

Vous voyez que je me trompais en moins !..

M. DE FYNASSON, *un peu sot.* — C'est parfaitement vrai!.. Que voulez-vous?.. en 1843, lorsque j'ai hérité de la Vieille-Roche, elle rapportait 45 000 francs ; nous avons continué à compter le revenu sur ce pied-là, sans nous apercevoir qu'il augmentait.......

D'ÉBROUILLAR. — Considérablement...

M. DE FYNASSON. — D'ailleurs, ne me remerciez pas trop... Comme vous le dites fort bien, la terre rendra peut-être un peu moins entre vos mains qu'entre les miennes...

D'ÉBROUILLAR. — C'est-à-dire que ce

10

serait une terre gâchée !!! Je ne donnerais pas dix ans... qu'est-ce que je dis donc, pas trois ans, pour que cette admirable terre, lourde, grasse, de laquelle on mangerait, devînt, étant mal cultivée, sèche comme un coup de trique et fertile comme madame de Maintenon...

M. DE FYNASSON. — Mais non... on apprend rapidement l'agriculture, lorsqu'on veut l'étudier consciencieusement...

D'ÉBROUILLAR. — Eh bien! voilà précisément ce que je ne ferai pas!.. Je sens que je serai uniquement occupé de l'ange auquel je vais consacrer ma vie!.. je n'aurai d'autre souci, d'autre désir que de lui rendre l'existence douce et agréable...

M. DE FYNASSON. — Mais Gilberte adore la Vieille-Roche...

D'ÉBROUILLAR. — Quand c'est vous qui vous en occupez, j'en suis persuadé!,.. Mais, si, pour venir surveiller les semailles ou la confection des fromages les plus importants, je la privais des bals, du concours hippique ou des courses, je crois que son amour pour la Vieille-Roche ne tiendrait pas longtemps!.. Et puis, je ne suis pas industrieux, moi! je suis sûr que quand j'aurais employé ma crème, de façon à faire pour 12 000 francs de fromage, je n'en aurais plus une goutte pour faire du beurre, surtout pour 4 000 francs!!!...

M. DE FYNASSON. — ....

D'ÉBROUILLAR. — D'ailleurs, je ne saurais pas fabriquer un seul fromage, moi!...

M. DE FYNASSON. — Mais vous pensez bien que ce n'est pas moi non plus qui bats le beurre, ni qui entortille les fromages dans un petit linge pour les enfouir en terre et les faire prendre... on a des gens habiles qui...

D'ÉBROUILLAR. — Encore faut-il être apte

à surveiller ces gens habiles... C'est comme pour les vaches, tenez !... Eh bien, je suis convaincu que je n'obtiendrais pas deux veaux par an !... Chaque fois que j'ai voulu avoir un poulain d'une jument m'appartenant, la saillie a raté... C'est comme un fait exprès !... C'est-à-dire que, confiés à mes soins, les lapins eux-mêmes refuseraient de se reproduire...

M. DE FYNASSON. — Vous exagérez !...

D'ÉBROUILLAR. — Nullement. Je vous répète que je suis incapable de comprendre largement l'agriculture, d'employer utilement les ressources desquelles d'autres savent profiter... Ces engrais, dont vous me parliez tout à l'heure, ces belles tranches, ces purées liquides, à l'idée seule desquelles l'eau vient à la bouche, resteraient inactives entre mes mains maladroites !... Les hommes sont, dit-on, nés pasteurs ou laboureurs; eh bien !

moi, je suis pasteur dans toute l'acception du mot...

M. DE FYNASSON. —Cependant la Vieille-Roche vous eût convenu comme habitation... Vous êtes artiste, amateur de bibelots, d'architecture...

D'ÉBROUILLAR. — Je suis amateur de tout ça... chez les autres ! Chez moi, je préfère de bonnes petites pièces capitonnées et riantes, au donjon glacial et imposant ; des cheminées à système moderne, aux belles cheminées dans lesquelles on peut brûler un arbre entier, il est vrai, mais en ouvrant les fenêtres pour ne pas être asphyxié par la fumée ; les corridors sourds et bien chauds, aux chemins de ronde couverts ; les fenêtres bien closes, aux meurtrières à vents coulis sournois ; les caves bien aménagées, où le vin s'améliore, aux oubliettes où il aigrit !.. Ainsi, vous me croirez si vous voulez, mais la Vieille-

10.

Roche me semble très difficile à habiter non seulement en hiver, mais même à l'automne, et j'avais cru remarquer que vous n'y restiez jamais pour la chasse...

M. DE FYNASSON. — Les études de Gilberte nous rappelaient à Paris, mais nous nous promettions bien, aussitôt qu'elle serait mariée, de passer l'arrière-saison à la Vieille-Roche...

D'ÉBROUILLAR. — Vous voyez !... Je vous aurais privés d'une chose dont vous vous faites une joie !...

M. DE FYNASSON. — Vous vous trompez aussi sur l'intérieur du château... il est très agréable à habiter !... Quant au sol, comme je vous le disais tout à l'heure, il est peut-être unique !...

D'ÉBROUILLAR. — Ce que c'est, pourtant, que les idées fausses !... Pour moi, la Vieille-Roche me semblait respirer la majesté et le pittoresque, plutôt que le confortable et la fertilité...

M. DE FYNASSON, *à part.* — Se moque-t-il de moi?... Comment?.. ce garçon si doux, si poli... qui a l'air de ne rien entendre aux affaires?... (*Haut.*) Dans deux ans, le revenu augmentera encore; j'ai planté deux mille pommiers qui seront alors en pleine force...

D'ÉBROUILLAR. — Et nous vous priverions du plaisir de vendre vous-même les pommes des jeunes arbres que vous avez plantés?.. Je suis certain que mademoiselle Gilberte m'en eût voulu, si je vous avais pris au mot...

M. DE FYNASSON. — ....

D'ÉBROUILLAR. — Et vous l'auriez bien mérité, car c'était tentant, convenez-en?... 70 000 francs de revenu, rien qu'en se baissant pour les ramasser!... Le fromage, le beurre, les pommes, les animaux, les bette-raves, les navets, tout y mettait une bonne volonté... rare!... Heureusement pour vous, le souvenir de l'ange que vous me donnez planait au-dessus de votre tête pendant que vous parliez... me défendant de déposséder ses chers parents!.. Et cependant 37 000 francs de plus ou de moins dans un jeune ménage, c'est effectivement beaucoup...

M. DE FYNASSON, *perplexe, à part.* — Il y tient, à ses 37 000 francs, l'animal!... Le diable est que, si je ne les ajoute pas maintenant à la dot, j'aurai l'air d'un vieux filou!...

AU BOIS

DANS L'ALLÉE DES ACACIAS. Il est quatre
heures. Les premières voitures font leur
apparition. Les arroseurs traversent l'allée,
repliant soigneusement leurs tuyaux (qui
n'ont pas dû servir, à en juger par les
tourbillons de poussière qui s'élèvent de tous
côtés). Quelques rares cavaliers passent au
pas dans la contre-allée ; personne dans l'allée
des piétons ; la loueuse de chaises s'y pro-

mène sans trouver encore à ramasser un sou.

Au tournant de l'entrée, au coin de la route qui vient de la porte Dauphine, s'avance un grand clarence à huit ressorts superbement attelé. Caisse bleue, train jaune d'œuf réchampi blanc, doublure de satin bleu de France ; grosses lanternes rondes, à verres épais et biseaux accentués. Harnais sombres plaqués de nickel, ornés au frontal de bouquets de roses jaunes.

UN COCHER ÉNORME, frais, rose, joufflu, rasé comme un satin.

UN VALET DE PIED MINCE, élégant, bien tourné.

Livrée bleu de France, à boutons de nickel. Chapeau anglais, sans cocarde.

Dans la voiture, MONSIEUR et MADAME.

MONSIEUR, quarante-huit ans. Embonpoint naissant ; cheveux rares ; très élégant d'ailleurs ; redingote bleu *vieilles convic-*

lions; chapeau gris à large ruban noir; pantalon gris.

MADAME, trente-deux ans. Très belle;
profil grec; peau de camélia; cheveux noirs;
lèvres épaisses. Toilette d'étamine gris
perle; chapeau de paille grise à nid de ben-
galis posé dans une botte de bégonias.

LE COCHER, *examinant l'allée dès le tournant et la voyant presque vide.* —V'lan !...
quand je l'disais !... Nous sommes les premiers !... J'ai pourtant tâché d'attraper
l'quart d'heure de retard du départ... J'ai
monté les Champs-Élysées d'un trot... qu'autant dire l'pas...

LE VALET DE PIED. — Oh !... pour c'qui
est d'ça !...

LE COCHER. —Ben, malgré tout... Nous
venons pour balayer l'allée !... Et la voiture
sera déjà poussiérée quand l'îlot arrivera ? On

n'la verra pas dans son beau!.. Moi qu'attelle avec un soin! Si y croyent qu'c'est pour eux!!!... Non... là, vrai c'est dégoûtant!...

LE VALET DE PIED. — Sans compter qu'nous y v'là jusqu'à sept heures... et puis, tu sais... si Palpetou est là et qu'y fasse l'signal...

LE COCHER. — Eh ben?...

LE VALET DE PIED. — Eh ben, ce soir on rattellera... pour changer... et on ira stationner devant chez les Partipry... où on restera deux heures après que l'dernier invité sera parti...

LE COCHER. — Ratteler ce soir?... Jamais!...

LE VALET DE PIED. — Faudra bien!.. c'est chaque fois comme ça!.. chaque fois qu'y fait son signal... et je l'connais moi, l'signal!.. Y s'penche en arrière et y croise une jambe... un angle aigu comme Caboulo... le banquier!...

on jurerait qui l'y a volé son tic de jambe...

LE COCHER. — C'est p'têt'pas la première chose qu'y vole?...

Dans la voiture, Monsieur et Madame échangent quelques paroles aussi rares qu'insignifiantes.

MONSIEUR. — Il fait bien chaud!...

MADAME. — Pas trop, mais il y a de la poussière!...

MONSIEUR, *à lui-même.* — Ça m'assomme, cette promenade... dans cette bête d'allée!... Mais je suis plus tranquille!... Quand ma femme vient ici seule, elle est toujours entourée d'un tas de godelureaux!.. Ils lui parlent à la portière, et ils ont une façon d'introduire leur tête en bouchant l'orifice avec leur dos... je déteste ça!... tandis que, quand je suis là, je m'embête, c'est vrai, mais, au moins, je suis sûr qu'il ne se passe rien que de parfaitement correct... Il y a bien peu de monde aujourd'hui ! (*Il regarde sa montre.*) Parbleu ! il n'est que quatre heures !... Je ne sais pas ce qu'elle a, ma femme ?... en ce moment c'est une rage d'acacias... qui frise la monomanie !.. Autrefois nous n'y venions que pendant une heure... à présent nous y restons quelquefois jusqu'à sept heures... c'est fou ! Enfin, comme c'est un passe-temps inoffensif, je me tais !...

MADAME, *à elle-même.* —Je ne l'aperçois pas ! Il est à peine quatre heures, pourtant !... il prétend que, tous ces jours passés, il était là... et qu'il n'a pu me rencontrer... Aujourd'hui, j'ai tenu à venir avant tout le monde... pour être sûre de ne pas le manquer... Pourvu qu'il soit libre ce soir ! Pour moi, j'ai déjà préparé les voies... en parlant d'un quatuor d'amateurs chez les Partipry... Mon mari a horreur de la musique d'amateurs... de l'autre aussi, du reste!... il ne songera pas un instant à m'accompagner... et alors... (*Elle se précipite à la portière.*) Ce phaéton?... non!... Ce n'est pas lui!...

LE COCHER, *montrant au valet de pied une voiture verte à train jaune qui les dépasse.* — Tiens! V'là l'Crapaud et la Salamandre!... on arrive!... moi quand j'les verrai plus, ces deux types... y m'manqueront!...

LE VALET DE PIED. — Ben, pas à moi!.. qu'est-ce que c'est donc que cette jolie petite blonde?...

LE COCHER. — Une nouvelle! ou du moins une qui sort d'peine avant d'être frippée... la p'tite Inès de Castro... plus vulgairement connue d'ses amis... intimes sous le nom de *Fuite de Gaz!*...

LE VALET DE PIED. — Oh!...

LE COCHER. — Ah!... V'là l'prince qui parle à madame de Belpo?... A la bonne heure!... Ça vous a une aut'touche que Palpetou...

LE VALET DE PIED. — Palpetou est pourtant moins décati!...

LE COCHER. — Veux-tu t'taire, morveux! Palpetou ou rien, c'est kif kif... tandis que l'prince est décoratif...

LE VALET DE PIED. — Qué chaleur!... On cuit!...

LE COCHER. — Si j'faisais emballer Plutus?... y n'demande que ça?... Ça serait une façon comme une autre d'nous en aller?... et d'brûler Palpetou... Plus temps! le v'là!...

Un très beau phaéton, conduit par un monsieur trop blond, trop blanc et trop rose, croise la voiture; le cocher presse le pas.

LE VALET DE PIED. — Est-ce qu'elle l'a vu?... (*Il se retourne sournoisement.*)

LE COCHER. — J'te crois!...

M. de Palpetou essaie de s'approcher du clarence, mais le cocher jette brusquement ses chevaux de côté et affecte aussitôt de leur parler anglais, comme s'il les ramenait après un écart. Madame, qui s'était préparée à lancer à M. de Palpetou un regard chargé d'électricité, manque son effet; M. de Palpetou, lui aussi, est tout désorienté par ce mouvement qui a disséminé l'espèce de file qui commence à se former.

LE VALET DE PIED. — Bravo ! tu en fais joliment ce que tu veux, d'tes chevaux... (*Il se retourne.*) Non !... j'voudrais que tu voies la tête à Palpetou !.. qué tronche !!!

LE COCHER. — Alors, le signal n'a pas été donné à c'te fois?...

LE VALET DE PIED.—Y avait pas mèche...

LE COCHER. — Est-ce qu'y prend not' file?...

LE VALET DE PIED, *regardant toujours.* — Non... celle de droite!... Nous avons d'la veine qu'y-z-aient l'clarence... sans ça, pas moyen d'se retourner, ni d'tailler d'bavette... qué scie, hein? qu'les voitures découvertes?...

LE COCHER. — Oui... mais ça vous a plus d'œil...

LE VALET DE PIED. — Oh! oh!... le comte de Ladébyne a donc remisé son buggy chez sa bonne tante?...

LE COCHER. — Pourquoi?...

LE VALET DE PIED. — Parce que je l'aperçois là, sur le trottoir... il ouvre le compas...

LE COCHER. — Tiens, oui!... Ben, y n'se marie donc pas?... On disait qu'il épousait la p'tite Bitter!...

LE VALET DE PIED. — Ah bah!.. c'est au moins l'sixième de c't'année qui s'marie à Jérusalem!... Y fait bien, du reste, si ça lui chante...

LE COCHER. — Euh! euh!... Elle a des diables de quinquets, c'te p'tite!... Moi, à la place de Ladébyne, je m'méfierais... C'est imprudent!..

LE VALET DE PIED. — Oh! imprudent!.. Je ne vois pas trop...

LE COCHER. — Absolument! c'est comme si un ténor fini, vanné, qui chante au cachet deux fois par semaine, prenait un engagement pour chanter tous les soirs...

LE VALET DE PIED. — Ah! Ladébyne est si vanné qu'ça? J'n'ai pas remarqué...

LE COCHER. — Moi non plus!... mais c'est Blanche de Croissy qui m'a renseigné... quand elle était avec lui!...

LE VALET DE PIED. — Ah! c'est vrai... tu as été cocher chez elle...

LE COCHER, *se rengorgant.* — Cocher, et... autre chose... La v'là... tiens!... Blanche de Croissy!... ·

S'adressant à demi-voix à Blanche de Croissy, qui passe en landau à huit ressorts et continuant à parler à la cantonade.

— Oh! la la!... Fais donc pas tant d'la mousse!... Tu sais! Inutile avec moi, les magnes!... On n'monte pas l'coup à Bibi, mon p'tit chat!...

LE VALET DE PIED. — Oh! elle a piqué un fard!...

LE COCHER. — Ben, elle m'a reconnu, quoi?... En v'là une qu'est forte!... E n'a pas sa pareille!...

LE VALET DE PIED. — E doit êt'ferrée sur l'élevage du pigeon, celle-là?... (*Regar-*

dant le trottoir.) Eh mais, ça s'meuble... V'là la gomme!...

LE COCHER. — Ah! v'là la belle madame de Beautors!...

LE VALET DE PIED. —J'la trouve surfaite, moi, c'te femme-là!.. Elle est toc comme tout!...

LE COCHER. — Possible!... mais elle a...

LE VALET DE PIED, *interrompant brusquement.* — Méfiance!... V'là Palpetou!... romps les rangs!... y cherche à changer d'file...

LE COCHER. — Attention, alors!... on va changer aussi!... Quand y passera d'notre côté! j'passerai du sien... Où est-y, au juste?... Dans celle du milieu?...

LE VALET DE PIED, *regardant.* — Non, dans celle de gauche...

Dans la voiture.

11.

MONSIEUR, *apercevant M. de Palpe-tou.* — Ce cher Palpetou, ça me fait plaisir de le voir... Il y a si longtemps!... (*A sa femme.*) N'est-ce pas, Lucy, il y a un siècle que Palpetou n'est venu nous voir?...

MADAME, *se tordant pour apercevoir le bout de la mèche du fouet de M. de Pal-petou.* — Il est à peine poli!...

MONSIEUR, *conciliant.* — Oh! c'est exagérer beaucoup!... Palpetou est poli!... Il est capricieux, oublieux, fantasque parfois, mais charmant homme d'ailleurs!...

MADAME, *sèchement.* — Libre à vous de conserver votre opinion... moi je conserve la mienne...

MONSIEUR, *résigné.* — Comme vous voudrez!.. (*Il se penche et cherche à apercevoir M. de Palpetou.*)

LE COCHER, *montrant du manche de son*

fouet l'allée qui se remplit. — Allons! bon ! toute la youtrerie, à c't'heure !... A propos? a t'y payé oui ou non?

LE VALET DE PIED. — Qui ça?...

LE COCHER. — Caboulo... Paiera-t'y? paiera-t'y pas?... désavoue-t'y?.... désavoue-t'y pas?... d'puis l'temps qu'ça dure, ç'a d'vient une scie !...

LE VALET DE PIED. — Attention v'là les deux cocottes qu'ont avalé une canne!... La brune est belle !

LE COCHER. — Oui... mais velue comme un ours! Si c'était un cheval, faudrait la tondre tous les deux mois!.. t'es sûr que c'est bien une femme?...

LE VALET DE PIED. — Tiens, v'là ma beauté, à moi !...

LE COCHER, *se récriant.* — Oh !... c't'éléphant !...

LE VALET DE PIED. — Justement, j'aime

pas les gringalettes ! Cette grosse-là m'plaît...
y a d'quoi au moins !...

LE COCHER. — J'dis pas non !... mais à
c'point-là !...

LE VALET DE PIED. — Les Turcs les
aiment comme ça !...

LE COCHER. — C'est difforme !... Ah !
v'là une jolie famille dans l'landau ! à la
bonne heure !

LE VALET DE PIED. — Oui, à condition
de r'garder d'loin !... C'est maigre, noiraud
et fagotté, donc?... des couleurs qui font
pleurer !.. on peut parier pour des Espa-
gnoles !...

LE COCHER. — Sacrrr !... Y faut encore
changer, v'là la Palpetou qui essaie de faire
une trouée !...

LE VALET DE PIED. — C'est l'moment de
n'pas faiblir !... si nous voulons éviter d'être
en faction c'soir...

LE COCHER. — J'coupe la file!... Tant pis!... (*Il cherche à faire obliquer les chevaux.*)

MONSIEUR, *sortant à demi son corps de la voiture.* — Ah ça! qu'est-ce qui vous prend?... Vous rentrez?... sans ordres?...

LE COCHER. — M'sieu l'comte voit bien que j'suis obligé d'quitter cette file!.. il y a là un cheval dangereux qui rue!...

MONSIEUR. — Où donc?...

LE COCHER. — Ici, à droite... Si monsieur l'comte veut voir?

Monsieur reste penché au-dessus de sa femme pour regarder à la portière, et c'est lui qui envoie à Palpetou un bonjour amical.

La clarence remonte et descend deux ou trois fois encore l'allée des Acacias; le cocher esquive le phaéton à chaque rencontre.

Peu à peu le Bois s'est vidé; il faut rentrer.
Madame, découragée, s'affale dans son coin.
Le cocher et le valet de pied sont ra-
dieux.

LES BEAUTÉS DE LA NATURE

SUR LE PONT DU MONT-BLANC,

A GENÈVE

MONSIEUR, l'air rayonnant.

MADAME, beaucoup plus calme.

MONSIEUR.—Quel bonheur ! ma chérie !...
de nous sentir seuls dans ce beau pays !!!...
Plus de bals, de dîners, de cavalcades, de
garden party, de courses, etc... Je ne crois

pas que, depuis notre retour de la campagne, au mois de janvier, nous ayons été seuls pendant une demi-journée!... Ici, personne! Nous allons vivre l'un à l'autre, en face du grand spectacle de la nature!!!... Tournons sur le quai du Mont-Blanc... Là... vois-tu!... Ici est la place des Alpes, et le monument devant toi est celui que la ville de Genève reconnaissante a fait élever à la mémoire du duc de Brunswick... Tu sais que le duc de Brunswick a laissé une cinquantaine de millions à la ville de Genève?... Ce monument est construit d'après le mausolée de Scagliari, à Vérone... C'est un chef-d'œuvre de sculpture!... Tiens, regarde la grille de marbre rose qui entoure la plate-forme?... et la pyramide tronquée qui termine l'édifice!!... C'est vraiment superbe!... et quelle vue!!! Hein? La chaîne du mont Blanc, les Voirons, le Rigi gene-

vois, le grand et le petit Salève... et ce pic?...
Eh bien! c'est le Môle!... en descendant à
la place Neuve, je vais te montrer la statue
du général Dufour... que je ne connais pas...
et puis nous verrons le Conservatoire qui
est aussi sur la place Neuve, s'il m'en
souvient bien... Nous entrerons au musée
Rath... Je veux te faire voir ce musée, unique
en son genre... Ce sont des tableaux moulés en plâtre, moulés d'après l'antique...
C'est une étonnante collection!... Ah! il
n'est que cinq heures! Eh bien! quand
nous aurons visité le musée Rath, je te con-
duirai dîner à un endroit d'où tu verras le
coucher du soleil sur le mont Blanc... C'est
au bord du lac, à la Belotte... Nous pren-
drons un petit fiacre... Elles sont char-
mantes, ces petites voitures de place!...
Ah! nous sommes loin des ignobles fiacres
de Paris!...

MADAME, *à elle-même.* — Depuis avant-
hier, nous nous trimbalons comme ça de
ville en ville !...Il n'y a pas eu à dire, j'ai visité
Dijon et Mâcon de fond en comble... Ah!
c'est intéressant comme tout !... Le rem-
part du Château, à Dijon, et puis le Musée...
on ne voit que des tombeaux ! Les tombeaux
de Marguerite de Bourgogne, de Philippe
le Hardi, est-ce que je sais encore de qui?...
C'est d'un gai!... Et à Mâcon, donc!... Il
m'a traînée voir la maison en bois sculpté...
et la rue Mathieu... et le lycée Lamartine... et la rue Philibert-de-la-Guiche !...
Enfin, des noms à coucher dehors!... Je
n'en peux plus!... Il faisait un soleil ardent
et nous marchions, nous marchions entre
des rangées de maisons tristes!... Aujour-
d'hui, c'est le monument du duc de Brunswick!... Il est affreux, ce monument!...
S'il est construit d'après le mausolée de

Scagliari, c'est que ce mausolée est laid aussi, voilà tout !... Et la pyramide tronquée !... il paraît qu'il faut admirer la pyramide tronquée !... Quelle différence peut-il y avoir entre une pyramide qui est tronquée et une qui ne l'est pas ?... Ah !... nous allons bien nous amuser !... Nous verrons la statue du « général Dufour » et le « musée Rath »...! Ce nom seul donne envie de n'y pas entrer... Je le trouve rébarbatif, ce nom !... comme tout ce qu'on rencontre ici, du reste !... Pour que la fête soit complète, nous finirons la journée à la Belotte ! C'est une fête perpétuelle !... — Oh !!! que je suis contente !... je viens d'apercevoir un petit écriteau qui annonce que le musée Rath est visible les jeudis et dimanches de onze heures à trois heures, et les mercredis et vendredis de une heure à trois heures. Quelle veine !... C'est aujourd'hui samedi !...

Il ne reste que la Belotte! Le soleil se couche tous les jours, lui!... quand il s'est levé!... et, dans tous les cas, ce sera toujours moins ennuyeux que de regarder des peintures... en plâtre moulé!...

A LA MER DE GLACE

MONSIEUR, de plus en plus rayonnant.
MADAME, de plus en plus calme.

MONSIEUR, *planté dans une pose « agreste », sur son alpenstock, au bord du précipice.* — Que c'est beau! que c'est beau! que c'est donc beau!... C'est au moins la dixième fois que je vois la mer de glace, et je la revois toujours avec un nouveau plaisir!... Viens, ma chérie, serre-toi contre moi!..

Puisque tu n'as pas le vertige, nous pousserons jusqu'au Chapeau. Le mauvais pas n'est difficile que pour ceux qui ont le vertige... Comme on respire, ici!... Les poumons se dilatent... On est plus fort!... On éprouve une satisfaction intime!... On sent un ragaillardissement général de tout l'être?... N'est-ce pas?... Tu ne dis pas grand'chose, petite? Tu admires silencieusement?... Ah! dame! j'ai été comme toi!... La première fois que j'ai contemplé ces splendeurs, je suis resté muet!... d'ailleurs, j'étais tout seul!... Quel admirable chaos que cette mer glacée!... quel déchaînement de la nature en fureur!... C'est grandiose! et la réflexion de M. Perrichon a du vrai! Ne trouves-tu pas qu'on s'aime mieux quand on se sent isolés dans ces sites majestueux? Moi, je ne t'ai jamais trouvée jolie comme aujourd'hui!... avec ton petit air sérieux,

ta robe claire et tes gros souliers, tu es
à croquer... C'était aussi l'avis de cet animal
de Russe qui déjeunait en face de nous au
Montauvert... Il ne te quittait pas des yeux;
il m'exaspérait... Ce sont des brutes, ces
Russes!... Les dehors sont quelquefois
agréables, mais, en grattant, on trouve tout
de suite le sauvage... Nous voici au pied de
l'Aiguille du Dru!... Ah! que c'est beau,
cette nature, que c'est donc beau!... (*Il
passe son bras autour de la taille de Madame
et l'embrasse éloquemment.*)

MADAME, *agacée, à elle-même.* —La vue de
ces bêtes de blocs gelés le rend lyrique!...
C'est énervant, cette ascension!... J'aurais
dû dire que j'avais le vertige;... mais voilà,
je n'y ai pas pensé, parce que je ne l'ai pas
du tout, le vertige!.. je pêcherais à la ligne
au fond de ces trous-là, s'il y avait de l'eau,
sans éprouver le plus léger malaise... Enfin,

c'est égal, j'aurais pu dire que je l'avais !...
C'est très ordinaire, en somme, cette mer
de glace !... On ne pourrait même pas patiner
dessus... C'est la première fois que je la
vois, moi !... Mais c'est sans aucun plaisir et
je me promets solennellement de n'y jamais
revenir... Ah! enfin !... Nous voilà au
« Chapeau... » ! j'espère que nous allons re-
descendre ! car, à moins de faire un trou
dans le ciel, je ne vois pas trop...

SUR LE PETIT PONT
DES GORGES DU TRIENT

MONSIEUR, frais, gai, éblouissant.
MADAME, mélancolique et toujours silen-
cieuse.

MONSIEUR, *secouant fortement le pont
fait de morceaux de bois reliés par des fils
de fer.* — J'espère que ce pont est solide-
ment établi !... il est vrai que, s'il en était
autrement, il serait préférable de ne pas le
secouer davantage... tu n'as pas peur, n'est-
ce pas? Ah! quel magnifique spectacle!...
j'étais là, à vérifier la solidité de cette pas-
serelle et j'oubliais de regarder !... Quel
gouffre! la vue de cette sinistre solitude
m'émeut... Et toi?... Je vais te montrer
l' « Éléphant »... Ne sois pas surprise... il ne
s'agit pas d'un éléphant vivant, mais seulement de ce rocher bleuté qui est planté là,
au milieu du torrent... Entends-tu ce sourd
grondement ? tu trouves cela beau ? Ah!
ce n'est pas dans nos prairies du Limousin
ou de Touraine que tu verras de semblables
horreurs... car ce sont d'admirables horreurs !... des horreurs dont la vue élève

l'âme et la rend meilleure... Suis toujours
ce petit pont... Il ne cassera plus maintenant!... Cette dernière partie me semble
infiniment mieux conditionnée... A présent,
j'avoue que la première moitié du parcours
m'avait causé une certaine inquiétude... Je
t'aime va, ma chérie!... tu apparais toute
rose et blanche au fond de ce lamentable
gouffre!!... C'est adorable!... Dis donc?...
Ça m'embête que le guide soit là!... Voyons,
ne te fâche pas... Ne prends pas ton air
digne... Il n'y a pas de mal à s'aimer, après
tout!... Que veux-tu, les merveilles de la
nature me portent à l'amour... c'est fatal!..
d'autant plus que j'y suis déjà assez porté
tout naturellement... Vraiment, là, n'est-il pas
gentil d'être tous deux seuls en face de ces
beautés? Car je ne compte pas le guide
comme un tiers... excepté dans certains cas,
hélas!...

12

MADAME, *à elle-même.* — Ah ça! franchement, est-il possible qu'il pense que je m'amuse? Je sais bien que les hommes sont bêtes, mais vraiment, à ce point-là, c'est invraisemblable!... Je crois, du reste, que la vue de cet horrible pays l'abrutit considérablement!.. D'habitude, il est moins terne et moins sentimental!... Mais, vraiment, on s'abrutirait à moins!... avec cette façon de voyager sans poser nulle part, nous avons l'air de gens qui visitent la Suisse en vingt jours, avec billets circulaires! On voit ça affiché partout! C'est grotesque!... Dieu! que je m'ennuie!... Toujours ces hôtels bondés d'Anglais insolents et ridicules! ces lits affreux, où on enfonce dans la plume; ces ratatouilles inconnues!... Il y avait ce grand Anglais roux qui mettait du miel dans son café au lait à Chamounix : ça m'a tellement écœurée de voir cet affreux mélange que ça m'a dégoûtée de trois choses : je ne peux plus avaler ni lait, ni café, ni miel ! Et puis, en Suisse, il y a aussi les Suisses, et je crois que c'est encore ce qui me déplaît le plus... Ils sont lourds, malhonnêtes, stupides !... Et dire que c'est ce qu'on appelle les bons Suisses !... Et Paul qui m'a offert de ramener d'ici une paire de domestiques, prétendant « que la gangrène générale n'a pas atteint cette excellente population » ! Il y a des instants où je crois, ma parole, qu'il est fou !... Quand sortirons-nous d'ici, mon Dieu ? Ce trou noir est navrant !... J'aimais encore mieux la mer de glace !...

A BERNE, DEVANT LE PALAIS FÉDÉRAL

MONSIEUR, toujours guilleret.

MADAME, accablée.

MONSIEUR. — Il est beau, ce palais !...
d'une simplicité sévère et grave... C'est l'architecture italienne qui domine... C'est là
que le Conseil fédéral s'assemble... entrons,
il faut visiter l'intérieur...

Ils montent l'escalier, paient le franc
obligatoire à l'huissier en livrée verte, et
sont introduits dans la salle du conseil des
États.

Monsieur reprend son petit boniment.

— Cette pièce est magistrale !... Mais un
peu nue...

Ils passent dans la salle des Ambassadeurs.

—Je préfère celle-ci... Vois-tu, chérie,
ce tableau représente Werner Stauffacher
encouragé par sa femme à venger son honneur... C'est une belle composition, c'est

simple, touchant... Veux-tu visiter la salle
des Séances ? Il y a de curieux vitraux, qui
reproduisent les armes des cantons suisses...
Au plafond, tu vois la croix fédérale, et les
allégories montrant le *Rhin*, le *Rhône*,
l'*Aar* et le *Tessin*... J'ai visité cela, il y a
déjà quelques années, ainsi que la plate-
forme, où nous monterons tout à l'heure
pour admirer la belle vue de la ville basse...
Ah! au-dessus du fauteuil du président on a
ajouté le mot « Républik » qui n'y était pas
autrefois, il me semble! Mais je ne sais pas
si tu es comme moi... moi, Républik avec un
k, ne me fait pas le même effet que République avec un *q*!... Je trouve ce mot plus
pentil ainsi orthographié!.. Tu ne regardes
pas où c'est écrit... Il faut lever ton petit
museau!... Dieu! que tu es jolie, ce matin,
mon amour!... Ne bouge pas? Tu as en ce
moment, sur le bout du nez et la pointe du

12.

menton, un rayon rose, envoyé par l'écusson du Valais, qui est sur le vitrail en face de toi... C'est à donner envie de... Tiens, je ne peux résister !... Laisse-moi faire l'ombre en l'embrassant... l'huissier ne regarde pas !.. et, ma foi, quand il regarderait... J'ai bien le droit de t'embrasser, même en pleine salle des Séances, si ça me chante, pas vrai?...

MADAME, *piétinant rageusement*. — Quelle scie!... Depuis hier nous visitons Berne ! Ce n'est pourtant pas « le grand spectacle de la nature », Berne ! Il a fallu voir la « Kornhaus » ! C'est la halle-aux blés, la Kornhaus ! et la fontaine « du Mangeur d'enfants », et « la tour de l'Horloge », et l'ambassade de France, et les ours !... et l'orgue de la cathédrale !... Qu'est-ce que ça me fait qu'il ait 4000 tuyaux, l'orgue?... Pour moi, un seul suffirait bien !... Si nous sortions de ce maudit palais, au moins!... J'aime encore mieux être de-

hors!.. là-dedans, j'étouffe!... Allons! bon!...
Il faut regarder Werner Stauffacher et sa
femme, à présent!... Est-ce que je sais ce
que c'est que ça?... Je parierais qu'il n'en
sait pas plus long que moi, d'ailleurs!...
S'il ne fallait pas faire l'effort de parler, je lui
demanderais de me raconter cette touchante
histoire!... Ça l'embarrasserait et ça m'amuserait, mais parler, ah! non!..... Et cet horrible huissier vert, qui a l'air d'une gre-
nouille et qui me regarde comme on regarde
un phénomène!.. Je suis malheureuse ici,
j'ai le spleen!... Ah! un monsieur qui visite
le palais fédéral! un monsieur « tout seul »!
C'est inouï! Car enfin, il n'y est pas obligé
lui... puisqu'il est seul!...

A INTERLAKEN, DANS L'AVENUE

MONSIEUR, transporté.

MADAME, anéantie.

MONSIEUR. — Enfin, là, voyons? avoue que tu trouves cela beau ! Tu ne dis rien? Mais tu admires tout de même, n'est-ce pas, ma chérie? Tu admires en dedans, mais c'est égal!... Ce beau site me ravit, moi !... et j'ai besoin de le crier bien haut!... Ah! c'est admirable!... Vois!.. les rayons rouges du soleil couchant couvrent de glacis rosés la cîme blanche de la Yungfrau!... C'est féerique!... Je n'ai jamais vu rien de plus merveilleux que ce coucher de soleil!... Ailleurs, quand le soleil se couche, c'est banal, affreusement banal!... Tu me diras à cela qu'on ne peut

pas toujours voir le soleil se coucher sur la
Yungfrau?...C'est vrai, mais enfin, ça rend difficile!... tout devient radieusement beau dans
ce pays!... Ainsi toi, tu es toujours jolie, n'est-
ce pas? Eh bien, tu me croiras si tu veux,
mais ici, tu l'es cent fois plus!... oui, blottie
contre le tronc de ce colossal noyer, avec ton
petit air nymphe de Clodion... moins le satyre... c'est-à-dire, non... il est là le satyre, et
très amoureux, je t'en réponds!!! Tu t'en
aperçois bien, hein, que je suis plus amoureux ici?... Et c'est un amour vif, honnête et
sain, pur comme l'air de ces imposantes
montagnes!... Viens!... rentrons... le soleil
est tout à fait couché!.. Veux-tu acheter aux
petites boutiques un souvenir de cette belle
soirée, dis?... Tu vois, l'avenue est émaillée
de petites boutiques? Appuie-toi bien sur
mon bras, ma chérie?..... (*A part.*) C'est
étrange!... Elle ne semble pas comprendre

ces étonnantes révélations de la nature!... Je
suis désespéré de cette froideur!... Depuis
notre départ, je guette vainement la sensation qui ne vient pas; j'attends inutilement le
signe auquel je reconnaîtrai que cette petite
âme s'ouvre à l'amour du beau... de l'idéal...

MADAME, *à elle-même*. — Je l'ai assez vu,
son coucher de soleil!... et les reflets roses
sur les cîmes blanches! Ça a l'air d'une glace
fraise et vanille! Quand on a regardé ce
« grand spectacle » pendant cinq minutes, ça
suffit!... Le soleil qui se couche sur la Yungfrau ne se couche pas mieux qu'un autre...
Au bois de Boulogne, sur le lac, à travers les
sapins, il est superbe... et au moins, on le
regarde avec des gens gais, en disant des
bêtises!... C'est vrai, l'autre jour je disais à
Joyeuse que le soleil est joli quand il se
couche; il m'a répondu que je devais être bien
plus jolie que lui! Il est bête!.. Joyeuse, mais

bon garçon!... Ah! des petites boutiques!...
Ça me rappelle celles de la fête de
Neuilly!... Il n'y a qu'un mois pourtant!... Il
me semble qu'il y a un siècle!... Ils étaient
là tous, Jane, Joyeuse, Clotilde et son mari!...
et ce pauvre Pierre...je m'amusais!... J'avais
tiré à la grande roue deux cent trente fois, et
je ne voulais pas partir sans gagner le lapin,
le blanc... avec des yeux rouges!.. Que
c'était gai là-bas, avec tout ce monde, et que
c'est triste ici... triste à pleurer!...

Elle essuie une grosse larme.

MONSIEUR. — Qu'as-tu?... Tu pleures,
ma chère âme? (*Montrant la Yungfrau.*)
C'est ce beau spectacle,... n'est-ce pas, qui te
produit cet effet?

MADAME, *montrant le côté opposé.* — Non,
ce sont les petites boutiques.... qui m'ont
rappelé Paris!

REVANCHE

Dans une chambre à coucher très élégante ; assise dans une bergère au coin du feu, MADAME DE TYRDÈLE, vingt-huit ans, de taille moyenne, admirablement faite, grands yeux violets ; cheveux blond-fauve. Peau éblouissante, minois chiffonné.

—C'est fini... décidément fini!.. il n'est pas rentré depuis deux jours!.. On ne me trompait pas, lorsqu'on me racontait qu'il était occupé de cette fille... Aujourd'hui, il en est fou!... J'ai été oubliée vite!... Est-elle donc si jolie?... Je ne la connais pas... Je voudrais la voir... il faut que j'aille dans les endroits où l'on rencontre ces femmes-là... je veux absolument me la faire montrer... Je la déteste!!!... J'aimais vraiment mon mari, et elle me le prend!...Je sais bien que je ne suis pas belle, moi, mais je plais autant que si je l'étais... Après tout, cette demoiselle est peut-être plus fraîche... ou mieux faite... ou plus amusante que moi?... Enfin, il faut bien qu'elle ait quelque chose qui séduise... et c'est ce quelque chose que je voudrais connaître... On m'a dit qu'elle montait à cheval tous les jours à quatre heures... Je vais cesser de monter le matin... Je choisirai la même heure qu'elle et je finirai bien par la rencontrer... Pourvu que Jacques ne l'accom-

pagne pas!... J'en aurais un fameux chagrin!.. Et pourtant, depuis qu'il m'a préféré
cette fille, je crois que je ne l'aime plus beaucoup... plus du tout même!... Mais je voudrais me venger d'elle! il me semble que cela
me soulagerait!... (*Elle prend les lettres qui
sont posées sur une petite table et les regarde
distraitement.*) Qu'est-ce que cette écriture
.languissante?... une déclaration du duc...
Il ne perd pas de temps!... Voilà qui me
prouve que mon sort est connu... Ah! une
lettre de Victorine qui m'envoie une femme
de chambre pour la remplacer... (*Elle sonne.
Au domestique qui entre.*) Il viendra tout à
l'heure une jeune fille, vous l'amènerez ici...
(*Elle se replonge dans ses réflexions jusqu'à
l'entrée de la femme de chambre.*)

La nouvelle femme de chambre est très
gentille, brune, mignonne, élégante; très
jolie tournure et très bon air, tenue par-

faitement correcte, robe de cachemire de
l'Inde bleu marin, drapée simplement; man-
telet pareil garni de grosses ruches de
taffetas bleu marin; petite capote bébé en
taffetas bleu marin, sans aucun ornement.

MADAME DE TYRDÈLE. — C'est Victorine qui vous envoie?

— Oui, madame la marquise.

MADAME DE TYRDÈLE. — Ce qu'elle me
dit de vous me convient, mais on m'avait
recommandé quelqu'un que je dois voir
tantôt... Je vous donnerai demain une
réponse définitive... Revenez à la même
heure...

— Pardon... mais je ne puis attendre à
demain, parce que j'ai une autre place en
vue et que je dois rendre réponse aujour-
d'hui même; c'est aussi pour remplacer
quelqu'un... j'entrerais demain... Combien
madame la marquise donne-t-elle?

MADAME DE TYRDÈLE. — Cent francs.

— Ah ! je gagne habituellement davantage, et, chez madame Blanche de Lavaine, j'aurais 140 francs...

MADAME DE TYRDÈLE, *sautant en l'air.* — C'est chez madame Blanche de Lavaine que vous devez entrer ?...

— Oui, madame la marquise.

MADAME DE TYRDÈLE. — La cocotte ?

— Ce n'est certainement pas une maison comme celle de madame la marquise, mais il paraît que madame est très facile à servir et généreuse; et puis, M. le baron Damiette est si riche !... il doit y avoir des profits...

MADAME DE TYRDÈLE. — Le baron Damiette?... En quoi cela regarde-t-il le baron Damiette ?

— Dame !... C'est le maître de la maison...

MADAME DE TYRDÈLE, *très agitée.* —

Voyons, voyons, entendons-nous?... Je vous parle, moi, de Blanche de Lavaine, une grande femme brune... — paraît-il?

— C'est bien ça!...

MADAME DE TYRDÈLE. — Mais... je croyais... que... une autre personne...

— Allait dans la maison?... c'est fort possible!... Mais c'est le baron Damiette qui est en titre... heureusement pour madame de Lavaine...

MADAME DE TYRDÈLE, *pensive.* — C'est fou!... Mais j'en meurs d'envie!... Bah! Qu'est-ce que je risque, après tout?... (*A la femme de chambre.*) Madame de Lavaine vous a-t-elle vue?...

— Pas encore, madame la marquise... On lui a écrit à mon sujet, et je dois aller tout à l'heure m'entendre avec madame...

MADAME DE TYRDÈLE, *à part.* — Allons!... je la verrai, enfin!

— Madame la marquise a-t-elle décidé quelque chose?

MADAME DE TYRDÈLE, *résolument.* — Oui! mademoiselle?... Comment vous appelez-vous?

— Suzette.

MADAME DE TYRDÈLE. — Eh bien, mademoiselle Suzette, je vous prends... à cent cinquante francs, c'est entendu?...

— Quand dois-je entrer?...

MADAME DE TYRDÈLE. — Tout de suite ; mais vous ferez prévenir madame de Lavaine que vous entrez chez elle demain matin... Surtout, n'allez pas prévenir vous-même?...

— Comment?...

MADAME DE TYRDÈLE. — C'est que... quelqu'un ira... à votre place... On vous expliquera ça plus tard...

Le lendemain, chez madame Blanche de

Lavaine, dite l'*Union générale*. Cabinet de toilette prodigieusement luxueux. Baignoire d'argent à chiffre de turquoises ; pavé de mosaïque, peaux d'ours, piles de coussins, divans bas adossés aux murs tendus d'étoffes japonaises. Fontaines jaillissantes ; massifs de palmiers et de lauriers roses. Toilette de marbre rose. Garniture de toilette en argent. Atmosphère vaporisée à l'opopanax.

Dans la baignoire :

MADAME DE LAVAINE. — Grande, brune, extrêmement belle. Trente-cinq ans, a été bien faite, mais commence à se faner et à épaissir. Traits réguliers. Peu de physionomie.

Assis sur un divan.

LE BARON DAMIETTE, pas trop mal pour un financier.

LE BARON. — Je suis venu trop tôt... je vous dérange ?

BLANCHE. — Mais du tout. Je devrais être

sortie du bain. Je suis en retard; c'est que j'ai une nouvelle femme de chambre qui n'est entrée que tout à l'heure...

LE BARON. — Tiens! vous avez renvoyé Julie?...

BLANCHE. — Mais non, elle a une entorse... J'ai une petite femme de chambre qui est jolie... très jolie même... Je vous prie de ne pas trop la regarder quand elle va venir me sortir du bain...

LE BARON. — Vous pensez bien, ma chère enfant, que, quand vous sortirez du bain, je ne serai pas tenté de regarder ailleurs...

BLANCHE, *minaudant*. — Je l'espère, mais enfin... avec vous autres, on ne peut jamais compter sur rien...

LE BARON. — Vous êtes si belle, ma chère Blanche, que vous pouvez compter sur tout... et sur tous...

BLANCHE. — Est-ce une méchanceté?

LE BARON, *souriant*. — C'est ce que vous voudrez...

BLANCHE, *inquiète*. — Je comprends... On vous a mal parlé de moi?...

LE BARON. — Personne ne se le permettrait, croyez-le bien...

BLANCHE. — Et pourtant je vois à votre air... il y a quelque chose?... on a dû me calomnier... Que vous a-t-on dit, voyons?...

LE BARON. — Croyez-vous donc qu'il faut tout me dire... que je ne vois rien?...

BLANCHE. — Alors, vous croyez?...

LE BARON. — Que M. de Tyrdèle vous fait a cour?... Oui, ma chère...

BLANCHE. — Mais, je vous jure...

LE BARON. — Ne jurez rien... Est-ce que j'ai l'air de vous accuser? Notez que je dis : il vous fait « la cour ». Est-il possible d'employer, pour exprimer ma pensée, une for-

13.

mule plus polie, plus... respectueuse que celle-là?...

BLANCHE. — Que voulez-vous dire?

LE BARON. — « Faire la cour » est une expression vague, qui ne signifie rien ou veut tout dire... selon l'intention qu'on y met...

BLANCHE. — Et... votre intention ?...

LE BARON. — Est, ma chère Blanche, de vous faire comprendre que j'y vois plus clair que vous ne le supposez...

BLANCHE, *bouleversée*. — Mais que croyez-vous donc ?...

LE BARON. — Je ne crois rien... Je sais seulement que M. de Tyrdèle, un fort joli garçon, ma foi, est absolument féru de la belle Blanche; que, pour elle, il abandonne une femme ravissante, — dit-on, — de laquelle il est adoré... Est-ce exact ?...

BLANCHE. — Mais...

LE BARON, *continuant*. — On ajoute que

la belle Blanche n'est pas insensible, et que les grands yeux bleus du marquis triomphe-ront des millions du banquier...

BLANCHE, *saisie*. — Oh ! ! !

LE BARON. — Rassurez-vous, ma toute belle... Ceci est le potin mondain; je n'y at-tache pas plus d'importance qu'il ne faut... Je connais « ma valeur », et je connais aussi le fond de « votre cœur ».

BLANCHE, *rassurée*. — A la bonne heure !...

LE BARON. — Je sais qu'entre l'amour et l'argent, cet excellent petit cœur n'hésitera pas... Je suis un morceau de roi, moi !... mille francs par jour et pas dégoûtant !...

BLANCHE. — Ah! vous ne m'aimez plus !

LE BARON. — Si fait ! Je vous trouve plus belle et plus désirable que jamais !... Ainsi, tenez, là... en ce moment, avec votre nuque d'impératrice romaine... il me semble que je... (*Il lui embrasse la nuque.*) Est-ce qu'il ne va pas bientôt finir, ce bain?...

BLANCHE, *empressée.* — Je sors à l'instant... (*Elle sonne.*) Vous disiez que madame de Tyrdèle est ravissante... Quel genre?...

LE BARON. Je n'en sais rien... je ne l'ai jamais vue...

BLANCHE, *surprise.* — Tiens! Comment ça?

LE BARON. — Elle sort fort peu... D'ailleurs, elle appartient à une petite coterie où trônent son mari et ceux de sa sorte; c'est vous dire, n'est-ce pas, que là, ce qu'on est convenu d'appeler *le monde d'argent* n'a pas précisément ses entrées...

BLANCHE. — C'est inouï!...

LE BARON. — Je ne trouve pas!... c'est fort naturel... Ce monde-là a raison; ce refus de nous admettre est la seule supériorité qu'il ait sur nous... (*La regardant.*) Dieu!...

que vous êtes belle!... Je préférerais causer avec vous ailleurs qu'ici, et d'autres choses que des lignes de démarcation mondaines et sociales...

BLANCHE, *sonnant avec impatience.* — Elle ne viendra pas!... Cette petite est insupportable!...

La marquise de Tyrdèle entre; elle a la toilette bleue de mademoiselle Suzette. Robe très collante, petit col uni, manches finissant au-dessous du coude; larges manchettes anglaises, cheveux tordus sur le sommet de la tête, nuque dégagée, couverte de frisons fauves.

LE BARON, *à part, la regardant avec étonnement.* — Elle est peut-être insupportable; mais elle est rudement gentille, toujours!...

BLANCHE, *brutalement.* — Êtes-vous sourde? J'ai sonné deux fois!...

MADAME DE TYRDÈLE. — Je demande bien pardon à Madame; j'étais dans la chambre aux robes et je n'ai pas entendu. C'est Baptiste qui m'a prévenue...

BLANCHE. — A moins que ce ne soit lui qui vous ait empêché d'entendre?... Il est toujours fourré dans les jupons des femmes de chambre...

MADAME DE TYRDÈLE, *se récriant*. — Oh! Madame peut être tranquille, il ne sera pas fourré dans les miens!...

BLANCHE, *moqueuse*. — Vous êtes vertueuse, mademoiselle Suzette?...

MADAME DE TYRDÈLE. — Pourvu que je me tienne comme si je l'étais, le reste doit être indifférent à Madame?

LE BARON, *à part, très intéressé*. — Elle la colle sous bande!... et avec une voix!... Je dirais une voix d'or, si l'on n'avait pas défloré cette expression!

Il regarde la femme de chambre avec admiration.

BLANCHE. — Eh! eh! il est très beau garçon, Baptiste!...

MADAME DE TYRDÈLE. — Certainement, mais j'ai mieux... si je voulais!...

LE BARON, *à part*. — Ça ne m'étonne pas!...

BLANCHE. — Le peignoir est-il chaud?

MADAME DE TYRDÈLE, *allant au réchaud d'argent dans lequel est enfermé le linge*. — Oui, Madame...

BLANCHE. — Alors, donnez?

Elle se dresse dans la baignoire.

MADAME DE TYRDÈLE, *revenant*. — Voilà, Madame! (*Apercevant Blanche*). Oh!!!

BLANCHE. — Qu'avez-vous?...

MADAME DE TYRDÈLE, *embarrassée*. — Rien... rien... Je me suis brûlée...

LE BARON, *se levant*. — Brûlée!... fortement?

MADAME DE TYRDÈLE, *souriant*. — Non, monsieur le baron... très légèrement...

Elle jette le peignoir sur les épaules de Blanche.

LE BARON, *à part*. — Quelle voix !!! et quelle taille!... A la place de Blanche, je ne prendrais pas une femme de chambre qui ait autant de... montant...

MADAME DE TYRDÈLE, *à part, frottant Blanche avec les draps de batiste parfumés.* — Ainsi, c'est ça!!! Voilà ce qu'il me préfère!... Ce corps fané, d'un blanc de cosmétique! fi!... Moi qui étais curieuse de voir cette femme... presque jalouse d'elle !... Quand je l'ai aperçue tout à l'heure, en me retournant... j'ai crié de surprise!... Et cet imbécile de baron qui dépense trois cent soixante-cinq mille francs pour posséder ça!...

Est-ce croyable?... Il n'est pas mal, ce
baron!... Ordinairement la banque juive
n'est pas si bien que ça!... Comme il me
regarde!... Est-ce qu'il se douterait?... Oh!
non!... Il ne me connaît certainement pas!...

Elle continue à frotter machinalement
Blanche.

BLANCHE. — C'est assez!... Savez-vous
masser?...

MADAME DE TYRDÈLE, *interloquée*. —
Masser?... Non, Madame, je ne sais pas
masser...

BLANCHE, *en colère*. — Vous ne savez
donc rien?

MADAME DE TYRDÈLE. — Si Madame
voulait se contenter de frictions?..

BLANCHE. — Eh! les frictions, ça ne sert
à rien!...

MADAME DE TYRDÈLE. — Je demande
bien pardon à Madame... C'est excellent pour

la beauté... meilleur que le massage (*Regardant Blanche étendue sur le divan*) qui abîme, lorsqu'il ne s'adresse pas à des chairs excessivement fermes et capables de le supporter sans céder sous la pression...

BLANCHE, *vexée*. — C'est bon!... frictionnez-moi... puisque vous ne savez faire que ça!...

MADAME DE TYRDÈLE. — Bien, Madame, (*Elle s'agenouille et commence à frictionner. A part.*) Quand j'ai parlé de chairs pas excessivement fermes, le baron a souri!... Ah! mais je vais la lui démolir!... Ça m'amusera beaucoup!... et ça ne sera pas difficile!... Sapristi! quel débris!... ça roule sous mes doigts... C'en est impressionnant!... (*Haut.*) Je ne fais pas mal à madame?

BLANCHE. — Non... Pourquoi?

MADAME DE TYRDÈLE. — C'est que Madame à la peau si fine! ça file sous mon doigt, sans faire la moindre résistance, et...

BLANCHE *interrompant*. — Il est étrange que vous ne sachiez pas masser!... Chez qui donc avez-vous servi?...

MADAME DE TYRDÈLE, *prise au dé-pourvu*. —Chez qui?... Mais... (*Ne sachant qui nommer*) chez la marquise de Tyr-dèle...

BLANCHE ET LE BARON. — Ah!!!

BLANCHE. — Elle ne se faisait donc pas masser?...

MADAME DE TYRDÈLE. — Oh! non ! (*Souriant.*) Elle n'a pas besoin de ça!...

BLANCHE, *curieuse*. —Elle est jolie?...

MADAME DE TYRDÈLE. — Jolie... n'est pas le mot...

LE BARON. — Elle est mieux que ça?...

MADAME DE TYRDÈLE, *souriant*. — Peut-être bien!... (*Regardant Blanche*). Elle est incontestablement beaucoup moins belle que Madame...

BLANCHE. — Vraiment?...

MADAME DE TYRDÈLE. — Mais... c'est autre chose... (*A Blanche.*) Dois-je continuer à frotter Madame?

BLANCHE. — Non, cela suffit!... Donnez-moi un peignoir!... Vous pouvez vous en aller, à présent...

LE BARON, *la regardant partir avec regret.* — Vous ne vous faites pas coiffer, comme d'habitude?...

BLANCHE. — Mais non... je crains de vous ennuyer...

LE BARON, *vivement.* — Nullement!... Achevez donc votre toilette... je vous en prie...

BLANCHE, *rappelant madame de Tyrdèle.* — Suzette!... Coiffez-moi!...

Madame de Tyrdèle prend les peignes et

les brosses et démêle silencieusement les cheveux de Blanche.

LE BARON, *à part.* — C'est un amour, cette petite bonne femme!... L'air d'une duchesse... ou d'un titi... on ne sait pas trop?... Ah! elle serait amusante à lancer!... Un vrai pétard!... Je suis sûr que, bien habillée, elle aurait une allure!...

MADAME DE TYRDÈLE, *à Blanche.* — Quelle eau Madame emploie-t-elle pour les cheveux?... Madame a une quantité de petites pellicules!...

BLANCHE. — A quoi cela tient-il?

MADAME DE TYRDÈLE. — Oh! c'est de l'eczéma, tout simplement...

BLANCHE. — Qu'est-ce que c'est que ça?...

MADAME DE TYRDÈLE, *simplement.* — C'est une maladie de peau!...

Le baron rit.

BLANCHE, *très vexée.* — Comment allez-

vous me coiffer?... Je tiens à avoir la nuque
dégagée...

Elle glisse un regard tendre du côté du
baron, qui dévore des yeux la femme de
chambre et ne s'en aperçoit même pas; elle
reprend, dépitée :

— La nuque dégagée... j'y tiens!...

MADAME DE TYRDÈLE. — Madame a
tort!... Certainement, Madame a une très
belle nuque, bien que les cheveux soient
plantés un peu trop haut, et pas assez près
des oreilles... Oh!... Madame a un grand
vide derrière les oreilles!... On dirait une
allée de parc!...

BLANCHE. — Il suffit!...

Elle regarde le baron, espérant qu'il est
toujours distrait; mais, cette fois, il écoute
en souriant.

MADAME DE TYRDÈLE. — Ce n'est pas
seulement pour dissimuler le vide que je

conseille à Madame de se coiffer moins relevé... c'est parce que, quand le menton et les joues commencent à s'alourdir, les coiffures dégagées font remarquer davantage ce léger défaut...

BLANCHE, *énervée.* — Coiffez-moi comme vous l'entendrez... Peu importe!... Comme madame de Tyrdèle, si vous voulez!...

MADAME DE TYRDÈLE. — Impossible, Madame...

BLANCHE. — Pourquoi?...

MADAME DE TYRDÈLE. — Madame la marquise fait un 8 Restauration à racines droites, comme ceci... (*Elle montre sa coiffure.*) On ne peut ajouter de faux cheveux, et madame n'en a pas assez pour...

LE BARON, *à part.* — Il est vrai qu'elle n'a pas une chevelure luxuriante, cette bonne Blanche!... Ce sont les pellicules qui lui abîment les cheveux... Oui... Mais aussi,

pourquoi a-t-elle des pellicules?... Positivement, elle se décatit!... et elle me coûte aussi
cher que si elle était fraîche!... C'est ab-
surde!... Je ne sais si c'est parce que je la
vois à côté de ce petit bijou de femme de
chambre, mais, depuis quelques instants, je
la trouve laide... je sens que je la prends en
grippe!...

MADAME DE TYRDÈLE, *à Blanche, qui se
polit les ongles pendant qu'elle la coiffe.* —
Madame se sert pour ses mains de pommade
trop rouge... Ce n'est pas joli... il vaut mieux
un rose comme... *(Étendant sa main)* comme
ceci...

LE BARON, *ne pouvant retenir une exclamation.* — Mâtin! C'est à vous, ces mains là?...

MADAME DE TYRDÈLE, *riant.* — Dame!
Elle reprend sérieusement son travail.

LE BARON, *à part.* — Quelles mains!
L'autre a des abatis d'un canaille!... Ça me

révolte !... moi qui, cependant, ne descend pas des croisés !...

MADAME DE TYRDÈLE, *à Blanche*. — Madame est coiffée !...

BLANCHE, *voulant se débarrasser d'elle*. — C'est bien.... Allez préparer ma toilette dans ma chambre.... La robe est sur un fauteuil ; vous prendrez, dans le tiroir où sont les corsets, le corset de satin vieil or...

MADAME DE TYRDÈLE, *jouant la surprise*. — Comment, Madame met un corset ?... Madame pourrait s'en passer.

LE BARON. — Hum !

BLANCHE, *sèchement*. — J'en mets un. On croirait, à vous entendre, qu'il est possible de faire autrement...

MADAME DE TYRDÈLE. — Mais, sans doute...

BLANCHE. — Ah ! je serais curieuse de voir ça, par exemple !...

14

MADAME DE TYRDÈLE, *se campant.* — Eh bien, Madame n'a qu'à me regarder ?

LE BARON, *suffoqué.* — Oh ! ! ! (*Il la regarde avec admiration.*)

BLANCHE. — Comment ! vous ne... Quelle blague !...

MADAME DE TYRDÈLE. — Si Madame veut me pincer, elle sentira bien que... (*On frappe.*)

BLANCHE. — Voyez ce que c'est, Suzette ?

MADAME DE TYRDÈLE, *revenant.* — C'est le tapissier pour la chambre de Madame....

BLANCHE. — J'y vais... (*Au baron.*) Venez vous ? C'est pour choisir les tentures nouvelles...

LE BARON. — Non... je préfère vous attendre... je n'entends rien à ces arrangements !.. (*Très aimable.*) Mais vous avez carte blanche... (*A madame de Tyrdèle, dès que Blanche est partie.)* Dis donc ?... sais-tu que tu es bigrement jolie ?

MADAME DE TYRDÈLE. — On me l'a dit souvent...

LE BARON. — Et te l'a-t-on déjà prouvé ?...

MADAME DE TYRDÈLE. — De quelle façon ?

LE BARON. — Mais, en t'offrant un joli hôtel, les plus beaux chevaux de Paris, et... cent mille francs pour tes menus-plaisirs... *(A part.)* C'est assez pour commencer !...

MADAME DE TYRDÈLE, *riant.* — C'est très gentil... mais je vaux mieux que ça !

LE BARON, *empoigné.* — Eh bien, fais tes conditions...

MADAME DE TYRDÈLE, *riant toujours.* — Et madame ?... Que dira-t-elle, Madame ?...

LE BARON. — Madame ! ! ! Ah je m'en fiche pas mal, de madame !... Tiens ! si tu acceptes ma proposition, je t'installe sur le même pied qu'elle...

Il lui prend la taille.

MADAME DE TYRDÈLE. — Inutile de m'éblouir, je ne suis pas ce que vous croyez...

LE BARON. — Ah! je la connais celle-là!... On me l'a faite souvent!...

Il veut l'embrasser.

MADAME DE TYRDÈLE, *agacée*. — Finissons!... Je suis la marquise de Tyrdèle!...

LE BARON, *saisi*. — Oh!!!

MADAME DE TYRDÈLE. — Vous voyez que, quelques tentantes que soient vos offres, je ne puis les accepter...

LE BARON, *prenant son chapeau*. — Alors, je n'ai plus qu'à me retirer...

MADAME DE TYRDÈLE, *surprise*. — Comment, vous partez?

LE BARON. — Dame!... je n'ai plus, grâce à vous, aucune illusion...

MADAME DE TYRDÈLE. — C'est... fini?...

LE BARON. — Complètement....

MADAME DE TYRDÈLE. — Alors, faites-moi un plaisir, voulez-vous?...

LE BARON. — Je suis à vos ordres...

MADAME DE TYRDÈLE. — Asseyez-vous là... et écrivez ce que je vais vous dicter...

LE BARON. — Voilà...

MADAME DE TYRDÈLE, *dictant :*

« Ma chère Blanche,

» Votre intimité avec M. de Tyrdèle ne pouvant être tolérée par moi... » (*S'interrompant.*)

— Ah! mais je ne peux pas écrire ça!... Je lui ai dit tout à l'heure que ça ne me gênait pas...

MADAME DE TYRDÈLE. — Qu'est-ce que ça fait?..vous aurez changé d'avis!...(*Dictant*): « Je vous prie de choisir entre lui et moi... » Terminez comme vous voudrez, ça m'est égal !...

14.

LE BARON. —Vous voulez que la vengeance soit complète?... (*Pliant sa lettre.*) Je suis trop heureux de pouvoir vous être agréable. (*Saluant.*) Si, dans l'avenir, Madame, vous aviez besoin de conseils... financiers, je serais à votre disposition... comme aujourd'hui...

MADAME DE TYRDÈLE, *à part.* — Aïe! voilà le revers!.. (*Haut.*) Je n'aurai probablement jamais besoin des conseils que vous m'offrez si aimablement, Monsieur; mais je vous recevrai avec plaisir...

Le baron s'incline et sort.

MADAME DE TYRDÈLE. —Elle va flanquer Jacques à la porte!... Allons! je crois que j'ai gagné la belle!!! (*Elle pose la lettre du baron bien en évidence sur la toilette et sort.*)

UNE CHAUMIÈRE ET UN CŒUR

I. — LA CHAUMIÈRE

Près de la mer. MONSIEUR et MADAME marchant dans la campagne.

MADAME, *indiquant du bout de son om-brelle une maison à demi cachée dans les arbres.* — Tenez... nous pouvons encore visiter celle-ci ?...

MONSIEUR, *saisi.* — Ça ?... Mais alors ce

n'est pas une villa, c'est une chaumière que tu veux louer ?...

MADAME, *s'engageant dans l'inextricable fouillis d'herbes hautes, de fougères et de ronces qui précède la masure.* — Et quand ce serait ? Je suis écœurée des villas, des chalets, des cottages... de la foule et du bruit; je veux le repos, une maison retirée, simple, rustique même, une chaumière, comme vous dites...

MONSIEUR. — Cependant... il me semble qu'un brin de confortable...

MADAME. — Que vous importe ? Vous venez séjourner ici le moins possible, à peine le dimanche,... de loin en loin... Vous ne souffrirez donc pas de l'absence de confortable...

MONSIEUR. — Cette maison ne doit pas se louer !... Certainement, elle n'est pas habitable ?... Voyons, tu n'iras pas t'ensevelir là dedans ?...

MADAME. — Pourquoi donc pas?... Cette entrée inculte me séduit, au contraire!...

MONSIEUR, *stupéfait*. — Comment!... toi qui aime les jardins peignés, grattés, au point de faire des scènes, quand, aux Glycines, une pauvre petite herbe pousse dans une allée?..

MADAME. — Justement!... Ça me change!...

Ils arrivent à la maison. Une construction déjà ancienne : ni villa, ni chalet, ni l'aspect confortable des vieilles maisons bourgeoises, égarées çà et là dans les pays qui sont devenus « des bains de mer ». A l'une des fenêtres est accroché un écriteau : *A louer présentement.*

MONSIEUR, *surpris*. — C'est, ma foi, à louer!... (*Regardant sa femme.*) Je présume que cet examen sommaire te suffit!...

MADAME. — Autant la visiter, cette vieille maison! Elle est peut-être très bien intérieurement, et, puisque nous sommes là...

Elle tire la chaîne suspendue à l'un des pilastres de la grille; une cloche énorme bascule à demi, rendant un son déchirant. Une paysanne en bonnet de coton paraît sur les marches verdies du perron, suivie d'un énorme chien et regarde de travers Monsieur et Madame en demandant :

— C'est-y qu'vous voulez quéq'chose?

MADAME. — Nous voudrions visiter la maison...

MONSIEUR. — De quel prix est-elle?...

LA PAYSANNE, *se décidant à venir ouvrir.* — 4000 si c'est pour la saison; 1500 si c'est au mois...

MONSIEUR, *ricanant en voyant l'aspect délabré de la maison.* — C'est pour rien!...

LA PAYSANNE. — Et qu'c'est beau et frais en é'dedans!... que ça vient d'êtr'e'refait tout à l'heure...

MONSIEUR, *espérant que la maison ne con-*

viendra pas. — Il faut sept chambres de maîtres et autant de domestiques...

LA PAYSANNE. — Y a pu qu'ça !...

MONSIEUR, *espérant toujours.* — Des écuries pour cinq chevaux...

LA PAYSANNE. — Core dix, si vous voulez...

MONSIEUR, *suivant d'un air résigné.* — Voyons, alors?

La paysanne ouvre le rez-de-chaussée. Grandes pièces nues. Salle à manger carrelée, bahuts d'acajou empire. Rideaux de coton jaune à grecque rouge imprimée, faisant bordure. Salon à rideaux d'andrinople garnis de franges boules. Meubles empire recouverts d'andrinople. Aspect dénudé.

MONSIEUR. — Brrr!!!... Ça n'a pas l'air confortable !...

MADAME — C'est de l'andrinople... comme partout !... Depuis ce matin, nous avons visité quinze maisons... elles étaient presque toutes meublées en andrinople...

MONSIEUR. — Tant que tu voudras !... mais il y a andrinople et andrinople... comme il y a maison et maison... Moi, je trouve celle-ci lugubre !... (*Il regarde le jardin.*) Voyez-moi ce fouillis inextricable... En voilà, un nid à rhumatismes !... et à araignées !... Ce qu'il doit loger de sales bêtes dans ces bosquets...

MADAME, *ironique*. — Oui... je vois ce que vous voudriez ?... un jardinet grand comme la main... ratissé... avec du sable passé au crible... et des corbeilles, où pas une fleur ne se permet de pousser plus haut que l'autre...

MONSIEUR. — Dame !... J'avoue que j'aime les jardins tenus..

MADAME. — C'est bon à Paris, ça !... pour des cocottes !...

MONSIEUR, *conciliant*. — Je t'assure qu'à Paris... très peu de cocottes ont des jardins qui...

MADAME, *à la paysanne*. — Ce rez-de-chaussée est grand, bien aéré... il me convient...

MONSIEUR, *ahuri*. — Il te convient?... Mais, ma bonne amie, tu ne l'as pas regardé!... la salle à manger est glaciale... ce carrelage fait frissonner!...

MADAME. — Vous voudriez un parquet comme un miroir?... le parquet «feuille de fougère»?... le parquet banal de tous les chalets portatifs...

MONSIEUR. — Banal, tant que tu voudras... il n'en est pas moins vrai que nous gèlerons, ici!... (*Il va à la cheminée.*) Et il ne faut pas compter sur la cheminée... elle fume!

MADAME. — Comment savez-vous ça?...

MONSIEUR. — Je ne le sais pas, je le devine!... (*Il se met à quatre pattes et regarde à l'intérieur de la cheminée.*) Elle fume?... J'en mettrais ma tête à couper!... C'est l'ancien système... sans tuyaux... ça ne marche jamais!...

MADAME, *le regardant stupéfaite.* — Mais vous êtes fou, avec vos systèmes et vos tuyaux!... Comment, vous allez introduire votre tête dans une cheminée que vous ne connaissez pas?...

MONSIEUR, *toujours dans la cheminée, parlant d'une voix qui se perd et semble venir de très loin.* — Je te ferai observer que, si je la connaissais, il serait superflu d'y introduire ma tête... (*Se relevant, regardant le mobilier et ouvrant les bahuts.*) Pas brillante, la vaisselle!... Toi qui n'aimes que la porcelaine mousseline et les verres illusion, tu ne seras pas servie à souhait... Voyons aussi la cuisine?...

Il entre dans la cuisine, qui est pavée de grands pavés inégaux et à moitié cassés; fourneau de faïence bleue et blanche d'ancien système. Casseroles ternes et mal étamées, dressoir taché et raboteux. Chaises boîteuses; vaisselle ébréchée.

MONSIEUR. — Pouah! elle est révoltante, cette cuisine!...

MADAME. — Mon Dieu!... je reconnais qu'elle n'est pas très jolie!... Mais comme je ne compte pas y vivre...

MONSIEUR, *continuant son inspection, ouvrant les tiroirs des buffets et furetant partout.* — Tout est dans un état déplorable!... Ces couteaux font peine à voir!... (*Les mettant sous le nez de la paysanne.*) Ce ne sont pas des couteaux, ce sont des scies!... (*À sa femme.*) Jamais le chef ne consentira à travailler dans cette cuisine-là!...

Madame quitte la cuisine sans répondre et monte au premier. Monsieur suit.

La paysanne ouvre les volets qui résistent et semblent collés par l'humidité.. Une violente odeur de renfermé prend à la gorge.

MONSIEUR. — Cristi!... Ce que ça sent le mucre, ici!...

MADAME. — Le *mucre!*... Déshabituez-vous donc de vous servir de. mots incompréhensibles!...

MONSIEUR. — Mais je le comprends, moi, ce mot!... Ma grand'mère l'employait toujours! Je ne sais pas du tout d'où il vient... J'ignore sa racine... Mais je le trouve expressif... Ça dit plus que moisi... beaucoup plus!... Pourquoi?... Je n'en sais rien, mais c'est comme ça!...

MADAME, *à la paysanne.* — Cette chambre est très bien...

MONSIEUR, *regardant autour de lui.* — De

l'andrinople... pour changer !... (*Il va à la fenêtre.*) On ne doit jamais voir le soleil ici !... Il y a des arbres jusque dans la chambre et ce sont précisément des frênes pleureurs...

MADAME. — Eh bien ?...

MONSIEUR. — Eh bien, le frêne pleureur amène des cantharides... et les cantharides sont d'horribles bêtes qui...

MADAME. — Ah !... Vous n'allez pas me raconter l'histoire des cantharides, n'est-ce pas ?...

Elle passe dans une autre chambre; la paysanne continue à lutter contre les volets qui résistent.

MONSIEUR. — Durs à la détente, hein, les volets ?...

LA PAYSANNE. — Dame ! c'est qu'y a longtemps qu'y l'ont été ouverts !... on n'loue point tous l's'ans...

MONSIEUR. — Ça ne m'étonne pas !...

(*Regardant la pièce.*) Ah!... Re-andrino-ple!... Pas varié, l'ameublement!...

MADAME. — Mais en vérité!... vous êtes insupportable!... Qu'est-ce que vous voudriez?... des tentures de peluche?...

MONSIEUR. — Non... mais des petites étoffes gaies à l'œil... fraîches, avec des petites fleurs et des petits oiseaux qui chantent...

MADAME, *haussant les épaules.* — Des oiseaux qui chantent?... Vous divaguez!...

MONSIEUR. — Ma bonne amie, je ne te dis pas qu'on les entend!... Je veux exprimer par là, que leurs attitudes diverses respirent la gaieté et que...

MADAME. — C'est bon, ne vous donnez pas la peine d'exprimer tant de choses!...

MONSIEUR. — Eh bien donc, je dis que j'aimerais mieux une maison, tapissée comme toutes celles que nous avons vues ce matin...

avec des petites perses, des meubles en bambou, des tables qui ont tous leurs pieds et des glaces neuves !... Je ne sais pas si tu as remarqué les glaces ?...

MADAME. — Non...

MONSIEUR. — Eh bien, elles sont hideuses ! toutes mouchetées... et d'une couleur étrange... Tout à l'heure, je me suis vu... j'avais l'air d'une panthère... d'une panthère jaune...

LA PAYSANNE. —Ah ! pour les taches des glaces... c'est un malheur qu'a arrivé en voulant « nettayer » par derrière...

MADAME. — Ici, je ferai la chambre à donner...

MONSIEUR, *sortant d'un air mystérieux d'une pièce voisine.* — Il y a là un... cabinet qui est d'une simplicité... républicaine...

MADAME. — Vous avez des plaisanteries d'une finesse...

MONSIEUR.—Dame!... Vois toi-même!...
Je préfère que tu le voies, ce cabinet...
j'insiste même... parce qu'il est un peu...
archaïque pour mon goût!...

On passe dans une autre chambre.
Monsieur continue à aider la paysanne à
ouvrir les volets.

MONSIEUR, *à la fenêtre.* — Mâtin!... elles
ne sont pas riantes, les vues!... d'aucun côté
on n'aperçoit la mer... Venir au bord de la
mer et ne pas la voir, c'est un comble!...

MADAME. — On a la vue de la campagne...

MONSIEUR. — Mais aux Glycines aussi,
on l'a, la vue de la campagne!... et plus
étendue qu'ici... et du soleil!... de l'air!...
On n'est pas étouffé sous des arbres noirs et
enchevêtrés... Ce n'est pas un jardin, ça,
c'est une chambre obscure!... (*Appelant la
paysanne.*) Et cette petite maison à côté...

enfouie sous les arbres, ce sont les écuries, les communs?...

LA PAYSANNE. — Point du tout... les communs n'sont point là!... c'est la propriété voisine...

MONSIEUR. — Est-ce habité?...

LA PAYSANNE. — Je n'sais point si ça l'est d'jà de ce moment ici... Mais j'ons entendu dire qu'c'est loué... bé sûr!...

MONSIEUR, à Madame. — Tant mieux! Car si, comme je le crains, tu te décides à loger dans cette chaumière, j'aime mieux ne pas te voir seule dans un pays perdu quand je m'absenterai...

MADAME. — Oh! seule!... avec huit domestiques!...

On continue à visiter la maison. Madame est enchantée. Monsieur critique tout.

MADAME. — Eh bien, positivement cette habitation me plaît!...

15.

MONSIEUR. — Drôle de goût!... quand je pense aux amours de chalets que tu pourrais avoir... tout près de la mer... confortables... pratiques... Ici,... on sera au diable pour les provisions...

MADAME. — Mais non... c'est une idée que vous vous faites...

MONSIEUR, *regardant la maison d'un air navré.* — Je trouve cet endroit sinistre... un crime y aurait été commis que ça ne m'étonnerait pas...

MADAME, *ne répond pas.*

MONSIEUR. — Réfléchis encore avant de donner le denier à Dieu?... Tu n'aimes pas mieux le petit chalet « des Mouettes »?... il est de six mille, mais c'est un bijou!... on a, de toutes les fenêtres, des vues ravissantes!... c'est joliment meublé, et quelle cuisine!... idéale, la cuisine!... le pavé de marbre donne envie de se rouler... tu ne veux pas le revoir encore ?...

MADAME. — Mon Dieu ! prenez le chalet si vous voulez ! Au fond ça m'est bien égal, vous comprenez ?...

MONSIEUR. — Mais ma chérie, comme c'est surtout pour toi ?...

MADAME. — Moi... j'aime mieux la chaumière isolée... D'abord le bruit de la mer sur le galet m'empêche de dormir...

MONSIEUR. — Oh ! quant à ça, moi aussi ! D'ailleurs j'ai les plages de galet en horreur !... de sales cailloux qui vous meurtrissent les pieds... Parlez-moi d'une belle plage de sable d'un joli blond... et bien fin !... à la bonne heure ! Moi je ne comprends pas que tu aies eu l'idée de venir ici... C'est affreux !...

MADAME, *méprisante.* — Affreux !... le pays le plus pittoresque !...

MONSIEUR. — Pittoresque, je ne dis pas non ! Mais on ne peut pas regarder tout le temps *le Trou à l'homme* ou *la Porte d'aval*... Ça devient fastidieux !...

MADAME. — Je ne trouve pas !... c'est si beau, la nature !...

MONSIEUR, *saisi.* — Mais je ne te reconnais plus !... Alors c'est bien décidé... je loue... Tu n'auras pas de regret, au moins ?...

MADAME, *avec conviction.* — Je n'aurai pas de regret !...

Monsieur prend l'adresse du propriétaire et donne le denier à Dieu à la paysanne.

II. — LE CŒUR

Vicomte de Mimosa
avenue Montaigne

PARIS

« La maison est louée ! vous pouvez venir. »

SANS PHRASES !

I

En épousant mac̣ ̣noiselle Diane de Volo,
le duc Hugues de Vyeladage avait mis au
mariage les conditions suivantes :

« Sa femme habiterait avec lui toute
l'année le château des Futaies et aurait autant d'enfants qu'il lui plairait, à lui, d'en
avoir. Très jaloux, il interdisait formellement la danse et les robes décolletées. Il

ne permettait pas non plus la chasse à cheval ; c'était, à certains points de vue, un exercice malsain pour les femmes et, de plus, comme il tenait à surveiller ses chiens et ses piqueux, il ne pourrait pas surveiller sa femme et n'aurait pas un instant de tranquillité. »

La belle Diane, amoureuse de l'argent, du luxe et du plaisir, avait accepté ces conditions les yeux fermés.

Elle ne voulait qu'une chose : épouser M. de Vyeladage et son immense fortune.

Aussitôt après la cérémonie du mariage, le duc et la duchesse partirent pour le château des Futaies.

Hugues avait demandé à sa femme si elle désirait s'envoler vers Nice et l'Italie, ou si elle préférait au contraire aller tout simplement aux Futaies, et Diane avait répondu :

— Je désire ce que vous voudrez.

Naturellement il avait choisi la campagne; là au moins, il pourrait cacher en paix son bonheur!

Rien ne viendrait troubler les transports des premiers jours.

Pas de ces chambres d'hôtel aux portes mal jointes, aux cloisons sonores, qui sont la joie des voisins et le désespoir des maris.

Pas de diversions inquiétantes; beaux voyageurs ténébreux, ou promenades trop accidentées, qui, sous prétexte de faire visiter le pays, font rencontrer des aventures ou du moins des chercheurs d'aventures. Aux Futaies, calme plat; pas un voisin ne se permettrait de venir troubler le silence de leur retraite; ils seraient uniquement l'un à l'autre. Décidément Diane était l'idéal de l'épouse soumise et confiante en la volonté du maître. Il n'existait peut-être qu'une femme comme celle-là au monde, et il avait

eu la veine immense de la rencontrer. Radieux, le visage épanoui, il fit monter la jeune
fille dans la grande berline attelée en poste
qui les emmenait aux Futaies, se souciant
peu des recommandations et des lamenta-
tions attendrissantes des grands parents in-
consolables.

Le voyage fut d'abord silencieux. Hugues,
qui avait copieusement lunché, se sentait la
tête lourde de champagne et l'estomac légèrement embarrassé ; pour s'excuser de n'être
pas un plus aimable compagnon, il se donnait,
à lui-même, mille bonnes raisons. « Il ne fallait pas effaroucher cette jeune fille... Que
diable ! elle avait beau l'aimer, c'était une
jeune fille, après tout ! comme telle, il fallait respecter toutes ses pudeurs ! du moins
jusqu'à l'arrivée !... d'ici là, il irait mieux et
alors? Alors, il se dédommagerait ferme de
la retenue qu'il s'imposait. Quelle superbe

créature, cette Diane! fraîche, bien en chair, appétissante au suprême degré, et d'une élégance! d'une distinction! l'air d'une reine! » Et le duc, voilant à demi son gros regard sensuel, se contentait de serrer tendrement la petite main gantée, emprisonnée dans ses grosses pattes couvertes de touffes de poils roux.

Diane le regardait du coin de l'œil à la dérobée.

Enfin! elle était riche! puissamment riche!... Et cela sans mésalliance; il fallait convenir qu'elle s'y était habilement prise; elle y avait mis trois ans, il est vrai, mais elle ne regrettait ni la peine ni le temps, puisque le but était atteint.

Malheureusement une dernière corvée l'attend; corvée inévitable et douloureuse pour son amour-propre : il faut qu'elle devienne vraiment la femme de ce monsieur qui lui serre bêtement la main !!!... Ah! s'il avait le bon esprit de s'en tenir à cette timide manifestation d'attachement? Elle sait bien qu'il ne la prendra pas de force, qu'elle peut, — si bon lui semble, — ajourner l'échéance... oui... mais à quoi bon? et, puisqu'un jour ou l'autre il faudra en venir là, pourquoi hésiter aujourd'hui?... Bon dans les comédies, ces tergiversations; mais, dans la vie réelle, le résultat est à redouter.

A mesure que le duc, se rapprochant des Futaies, respire l'air natal, son malaise se dissipe et il devient presque bavard. En traversant la terre patrimoniale, il montre à Diane quelques-uns des petits châteaux environnants, achetés par son père dans le but d'éviter les voisinages rapprochés. La jeune femme se sent frémir de colère, en pensant que, de cette façon, il n'y a même pas à compter sur la distraction négative que peu-

vent apporter des voisins; décidément, le
père était aussi ingénieux que le fils !

Hugues ne se doute pas de la contrariété
qu'elle éprouve en écoutant ses petits racon-
tars.

— Oui, — dit-il : les voisins sont très gê-
nants... à cause de la chasse !... On a des
histoires !... moi d'abord, j'ai toujours des
histoires de chasse !...

— Ah ! — pense Diane, — il est complet !
Le duc est lancé, il repart de plus belle.

— Et puis, vous comprenez, il sera
très agréable d'avoir plus tard tous nos
enfants autour de nous, à une portée de
fusil !... hein ? ce sera gentil ?... L'aîné des
fils aura « les Étangs »; le second, « Bry-sur-
Écluse »; on arrangera pour le troisième
« les Charmilles »; il aura des chasses
superbes, cet animal-là !... J'ai été forcé d'y
installer un second équipage et d'y aller

chasser un jour par semaine ; les sangliers
détruisaient tout !... les paysans gueulaient
comme des putois !... Pardon, ma chérie,
je m'oublie ?... tenez, voyez-vous là-bas, ce
petit toit pointu ?...

— Oui...

— Eh bien, c'est le toit de la tourelle
droite du petit château « des Rochers » ! Oh !
celui-là, nous le donnerons à la première de
nos filles qu'on mariera... elle sera à vingt
minutes des Futaies... on ne peut pas être
plus près...

— Avez-vous encore beaucoup d'autres
châteaux ? — demande Diane, dont le gracieux sourire cache l'irritation nerveuse.

— Deux seulement !...

Et le duc ajoute finement :

— Mais j'espère bien avoir davantage d'enfants ! d'ici là, nous achèterons d'autres châteaux...

Hugues croit que tout ce qui l'intéresse doit intéresser sa femme, aussi ne lui fait-il pas grâce d'un détail. « Ici, les sangliers se réunissent souvent;... là, il faut se méfier... il y a des fondrières; l'an dernier on y a perdu les deux plus beaux chiens de l'équipage; ça, c'est la maison du vétérinaire, un radical à tous crins, qu'il faut néanmoins avoir à déjeuner de temps à autre... Ah ! dame! elle n'est pas toujours amusante, la vie des châtelains !... mais une femme qui, comme Diane, a horreur du monde à proprement parler, prend très facilement son parti de ces petits ennuis. Nous allons nous organiser une petite existence bien tranquille, toujours seuls tous les deux !... Je n'inviterai même plus mes amis à chasser !... je ne veux pas qu'ils vous voient!

Diane est horripilée et moulue par cette longue route; et dire que ce soir... il

faudra... non !... elle n'ose pas y penser !

Tous les paysans des Futaies, rangés en haie dans l'avenue et dans la cour d'honneur, saluent leur nouvelle châtelaine par une tri_ple salve de coups de fusil. Diane est soucieuse ; d'abord, les coups de fusil lui causent toujours une impression désagréable, ensuite elle est saisie en apercevant l'habitation où elle va passer sa vie. Elle avait bien entendu parler du château de Vyeladage comme étant un des plus tristes de France ; mais, malgré cela, elle ne se le figurait pas tel qu'il se détache sur le soleil couchant ; une masse de granit imposante et lugubre, à balcons dentelés, entourée de larges fossés remplis d'une eau noire et dormante ; de grandes pelouses vert sombre s'étendent jusqu'à l'entrée d'un parc touffu, lequel rejoint la forêt des Futaies qui donne son nom à l'habitation. Le perron, aux marches couvertes d'une mousse verdâtre, semble n'avoir jamais été foulé, et les étroites fenêtres rappellent les ouvertures timides d'une prison ou d'un cloître.

Le duc paraissait adoré de ses paysans et, de fait, il devait être bon pour eux. Cela se sentait à la façon amicale dont il accueillit le compliment du maire. Il avait réellement assez bon air, Hugues de Vyeladage, campé sur le perron, répondant aux félicitations et recevant les bouquets destinés à la duchesse. Ce colosse gauche, presque ridicule dans un salon, était ici à l'aise, dans son véritable milieu. Diane, tout en ayant horreur des inférieurs, se rendit compte qu'il fallait, sous peine de mécontenter son mari, faire contre fortune bon cœur. Elle dissimula donc le sourire moqueusement hautain qui montait à ses lèvres, et remercia aimablement « monsieur le maire » et la population des souhaits de bienvenue qu'on lui offrait.

En entrant dans l'intérieur de l'habitation, la duchesse fut encore plus désagréablement surprise ; c'était d'un nu, d'un triste !... quelques meubles merveilleusement beaux, il est vrai, mais courant piteusement les uns après les autres ; des parquets de marqueterie dans les salons ; des mosaïques de Florence dans le vestibule et autour des cheminées, mais pas un seul tapis ; des portraits couverts d'une épaisse couche de poussière dans des cadres ébréchés et dédorés ; des bibelots, terres cuites, statuettes dont on distingue à peine les formes tant elles sont noircies et culottées par la quantité de pipes fumées autour d'elles quand les amis du duc se réunissent aux Futaies pour chasser, (ce qui arrive généralement pendant six mois de l'année). Les tentures de vieux quinze-seize fanées, et les tapisseries des Gobelins marquées des deux L, adossées dans la bor-

dure, ont pourtant une grande allure ; mais
on sent le manque de confort, presque le
délabrement ; pas une fleur, pas un petit
coin chaud et intime, pas un paravent ni un
coussin.

La chambre de Diane est tendue de
tapisseries représentant le siège de Troie.
C'est lugubre !... Le grand lit à colonnes
torses, garni d'un baldaquin droit, aussi en
tapisserie, inspire le désir de dormir dans un
fauteuil. Ici, le duc a cru devoir faire mettre
un tapis, mais il engage vivement sa femme
à l'enlever si elle n'y tient pas ; il croit que
les tapis sont chose très malsaine ; ils absor-
bent et retiennent les miasmes ! Il faudrait,
pour se bien porter, habiter des apparte-
ments tout bonnement blanchis à la chaux
et dont les fenêtres ne fermassent pas trop
hermétiquement, l'air doit circuler.

Quant à lui, il trouve ineptes les ameublements modernes ; toutes ces peluches, ces chevalets, ces riens encombrants, rendent tout mouvement difficile dans un salon élégant, et il aime mieux, pour sa part, franchir à la chasse dix obstacles, que circuler pendant cinq minutes à travers des paravents, des écrans et des vases de fleurs.

Diane, les dents serrées, écoutait sans répondre et prenait tout doucement en grippe ce brave garçon qui, pour la première fois, osait lui parler librement.

Ce fut bien pis, lorsque, le dîner fini et la soirée achevée, après l'avoir laissée quelques instants seule avec sa femme de chambre, Hugues revint tout frémissant, rejoindre celle qui allait être à lui ! Il la trouva immobile et pensive. Tout en passant à la hâte un peignoir de cachemire de l'Inde blanc, hermétiquement clos, elle avait réfléchi avec terreur aux événements qui allaient s'accomplir. Elle entrevoyait enfin la réalité dans toute son horreur ! Jusqu'ici, elle n'avait vu que la fortune à acquérir, sans se rendre exactement compte qu'il faudrait payer.

Ce colosse, l'œil allumé, la lèvre tremblante, le geste audacieux, lui paraît une brute; elle sent qu'elle a trop présumé de ses forces; jamais elle ne parviendra à mater cet être indompté qui ne peut en rien la comprendre. Prise d'un immense découragement, d'un profond dégoût, elle abandonne tous ses plans de bataille et reste passive et muette.

II

En s'éveillant, la duchesse examine son mari avec inquiétude.

C'est fini !... Elle n'aura pas la moindre influence sur lui !... Pourquoi a-t-elle ainsi perdu courage? Pourquoi cette inertie qui, en cet instant décisif, a compromis à tout jamais sa puissance?... Comme il doit lui en vouloir de cette indifférence absolue!... Enfin!... ce qui est fait est fait!... Et elle regarde la vaste chambre sévère, son ameublement lugubre, sa vieille pendule de Boule et ses tapisseries passées... Faiblement éclairé par la veilleuse opalée, le cheval de Troie se dresse en face d'elle, mal planté sur ses jambes raides et écartées, vomissant une armée par son flanc béant; cet animal stupide, campé juste devant ses yeux, la crispe au dernier point; le cheval de Troie!... elle en a pour toute sa vie à le contempler ainsi nez à nez!...

De son côté, le duc éveillé réfléchit aussi, mais dans une tout autre disposition d'esprit. Il est véritablement aux anges! La voilà, l'épouse chrétienne, telle qu'il l'a rêvée, mais telle qu'il n'espérait pas la rencontrer jamais! Cette douceur angélique, cette passive obéissance, l'ont touché profondément et l'ont mis surtout à l'aise. Pas de phrases!... pas de protestations d'amour! à la bonne heure!... et quelle beauté!... Pauvre petite! sa chambre n'a pas paru l'enchanter! Il va l'autoriser à la faire arranger à son goût... Il lui doit bien ça pour l'immense bonheur qu'elle lui donne!... Et, lorsque Diane se lève, le duc, la prenant tendrement dans ses bras, lui annonce qu'elle peut faire venir de Paris tel tapissier qui lui conviendra.

— Ma pauvre chérie!... Cette chambre est peut-être un peu sévère? transformez-la!... ordonnez, bouleversez... tout ce que vous ferez sera bien fait!...

Diane écoute, stupéfaite du résultat obtenu par son attitude glaciale. Ainsi, au lieu de se laisser aller à sa répulsion natu-

relle et spontanée, si elle eût cru devoir
être affectueuse ou passionnée, cela n'eût
pas réussi?... Non!... c'est à n'y pas
croire!...

Et pourtant, il n'y a pas à en douter, le
duc est bel et bien affolé d'elle; il est cent
fois plus amoureux encore qu'il ne l'était la
veille; il ne la quitte plus des yeux et lui
obéit comme un gros chien.

Il y a un an que le duc de Vyeladage est
marié, et la vieille demeure seigneuriale est
transformée! Partout un encombrement de
bibelots, de meubles étranges, de fleurs, de
paravents, d'écrans et de chevalets drapés.
Les portraits et les tableaux, débarrassés de
la croûte qui les recouvrait, sont admirables!
Dans le nombre, un Nattier, des Watteau,
des Fragonard, des Boilly! Tous les appar-
tements, tous les escaliers sont couverts

d'épais tapis, dans lesquels on enfonce jusqu'aux chevilles. Un calorifère chauffé à trente degrés rend l'air irrespirable et le duc trouve cela parfait. Une vingtaine d'amis toujours à demeure, chassent, pêchent, chantent, valsent, canotent et jouent la comédie avec la duchesse, dont les décolletages et les collants sont célèbres. Les Vyeladage passent six mois dans leur hôtel des Champs-Élysées également restauré. Diane est une intrépide chasseuse; elle a les plus beaux chevaux et les amazones les plus merveilleusement adhérentes qui aient jamais existé. Elle a persuadé à son mari de louer les Charmilles, Bry-sur-Écluse, les Étangs et les Rochers à des compagnons de chasse; de cette façon, ils peuvent avoir plus de monde autour d'eux; souvent, elle se dévoue pour mener l'équipage qui chasse aux Futaies, tandis que le duc chasse aux Charmilles,

où les sangliers persistent à faire d'abomi-
nables dégâts.

Plus belle que jamais, la duchesse est toujours escortée d'un lot d'adorateurs, parmi
lesquels elle a déjà, — dit-on, — distingué
quelques fervents... Est-ce vrai?... Cela ne
regarde personne ; d'ailleurs, le duc de Vyeladage est parfaitement heureux et fait part de
son bonheur à tous ses amis, leur disant :

— Voyez-vous, les femmes sans phrases,
il n'y a que ça !!!...

LES CADEAUX

Un château situé à deux kilomètres 'de *Brives-sur-Indre*.

M. DE PAROLY. — Quarante ans, grand, mince, élégant, un peu chauve.

Le front appuyé au carreau de la fenêtre du hall, il regarde les allants et venants qui montent l'avenue. C'est le premier janvier. Il est dix heures et demie du matin.

— Ah!... Un hussard qui arrive au galop!... C'est l'ordonnance du beau d'Hoasys!
Mâtin!!! il apporte un paquet qui est aussi
gros que son cheval!... Que peut-il y avoir
là dedans?... Ça m'est d'ailleurs parfaitement
égal... C'est un cadeau pour ma femme... et
je ne suis pas jaloux!... grâce à Dieu!... Eh
bien si! je le suis!... je commence à l'être!...
de cet animal de la Poze!... Positivement,
j'ai eu tort de laisser prendre à Olivette les
façons qu'elle a avec lui!... avec tout le
monde, du reste!... Mais les autres, ça m'est
égal!.... tandis que lui?... Je crains qu'il ne
se complote entre eux quelque chose de redou-
table pour moi!... J'ai tellement répété à ma
femme que je n'étais pas jaloux!... Effectivement je ne l'étais pas... mais je le deviens...
Il y a commencement à tout, comme disent les
profonds penseurs!... Si je profitais de ce
jour solennel pour faire parler Olivette, et

savoir adroitement... en ayant l'air de m'intéresser à ces petites flirtations, jusqu'à
quel point sont allées les choses ?... Je plai-
santerai les uns et les autres... j'affecterai
de croire des choses... dont la seule pensée
me fait dresser les cheveux sur la tête... et il
faudra bien qu'elle me raconte tout... ou à
peu près... Elle est, je crois, persuadée de
mon indifférence et de ma... largeur d'i-
dées... elle se lancera dans des révélations...
Eh bien... là... vrai... j'ai peur!... Il y a
huit jours, en rentrant de la battue, je les
ai rencontrés dans le parc... très loin... La
Poze avait l'air bête... plus encore que d'habitude... et Olivette était rouge comme un
petit coq... Notez qu'il faisait un froid de
loup!... Et puis, la Poze vient moins à la
maison que les autres, c'est mauvais signe,
ça!... Enfin, l'important est de savoir...
(*Apercevant madame de Paroly qui entre*

dans le hall.) Pour ce, il faut avant tout la mettre en confiance...

MADAME DE PAROLY. — Vingt-huit ans; cheveux très noirs, peau très blanche, teint rosé, bouche gourmande, nez retroussé, taille merveilleusement jolie. Peignoir de cachemire blanc, garni de Grèbe.

— Bonjour!... (*Elle tend sa main et sa joue.*)

...M. DE PAROLY, *l'embrassant.* — Je vous souh...

MADAME DE PAROLY. — Oh ! grâce!... vous n'allez pas me « souhaiter une bonne année », n'est-ce pas?... Il ne resterait plus rien pour le facteur, les gardes et les autres!...

M. DE PAROLY. — Mais...

MADAME DE PAROLY. — Ces pauvres gens!... vous ne voudriez pas leur prendre leurs petites phrases?...

M. DE PAROLY. — Vous vous moquez de tout?...

MADAME DE PAROLY. — Moi?... Mais non!... la preuve, c'est que je vous remercie de tout mon cœur du saphir étoilé... Il me fait encore autant de plaisir aujourd'hui qu'hier... c'est une attention charmante!...

M. DE PAROLY. — J'aurais désiré aller ce matin vous souh...

MADAME DE PAROLY. — Oh!... encore! Ah ça! décidément, c'est un tic!...

M. DE PAROLY. — Pardon!... je voulais vous dire que j'aurais désiré aller vous embrasser dans votre chambre, mais comme je sais que vous n'aimez pas être dérangée, je n'ai pas osé...

MADAME DE PAROLY. — Vous avez joliment bien fait!...

M. DE PAROLY, *à part.* — S'il y avait quelque chose... de grave,... me traiterait-elle

17

avec cette désinvolture?... (*Il regarde sa femme qui commence à examiner les paquets, les bonbons et les fleurs, posés un peu partout.*) C'est qu'elle est ravissante, j'ai un de ces tracs bleus!!...

MADAME DE PAROLY, *lisant l'adresse d'une immense caisse placée à terre.*

» MARQUISE DE PAROLY.

» Château des Ébéniers.

» Brives-sur-Indre. »

« *Angélique de Niort.* »

— Tout ça!... Il y a de l'angélique plein ça!... (*Elle soulève le couvercle et retire une carte.*)

COMTE DE KERKALAVEN

Colonel du 60e cuirassiers.

— Et il y a quelque chose d'écrit :
« Belle marquise, permettez-moi de dépo-

ser à vos pieds ce modeste produit de ma nouvelle garnison. »

M. DE PAROLY, *attendri.* — Ah ! C'est gentil !...

MADAME DE PAROLY. — Adorable !... L'année dernière, il était à Narbonne, il nous a envoyé du miel ; s'il va à Langres, nous aurons une douzaine de couteaux ; à Lisieux il pourra nous envoyer un choix de bonnets de coton...

M. DE PAROLY. — Pauvre bonhomme ! J'ai pitié de lui !... il était si drôlement amoureux de vous ?...

MADAME DE PAROLY. — Ah bien ! si j'avais pitié de tous ceux qui sont amoureux de moi... drôlement ou pas ?... Ce serait du joli !

M. DE PAROLY, *content.* — Alors, vous n'avez pitié de personne ?...

MADAME DE PAROLY, *repoussant la caisse*

d'angélique du pied. — Je ne dis pas ça?...

M. DE PAROLY, *sursautant.* — Comment, vous ne dites pas ça?...

MADAME DE PAROLY, *surprise.* — Hein? Qu'est-ce qui vous prend?...

M. DE PAROLY, *se remettant et riant.* — Moi?... Mais rien...

MADAME DE PAROLY. — A la bonne heure!... Vous savez qu'il est convenu que vous ne vous occuperez pas des choses qui ne vous regardent pas?...

M. DE PAROLY, *saisi.* — Mais... Naturellement!... Moi?... Me mêler?... jamais!... (*A part.*) « Qui ne me regardent pas » est raide tout de même!... Ah! j'ai eu positivement tort de la mettre sur ce pied-là!!...

MADAME DE PAROLY. — Cette angélique exhale une insupportable odeur... Ne trouvez-vous pas?

M. DE PAROLY. — Mais non... Oh! le

beau sac! C'est un sac de pommes de terre?...

MADAME DE PAROLY. — Plein de marrons glacés!... 50 kilos!... C'est écrit!... Je n'invente rien!... (*Elle ouvre et retire une carte.*) Ah!... C'est du baron Josué!... L'énoncé de la valeur ne me surprend plus!...

M. DE PAROLY. — Encore un qui vous fait joliment la cour!... (*A part.*) Soyons fin!... (*Haut.*) Sous prétexte d'aller à nos battues de sanglier, il est venu s'installer à l'hôtel Gambetta... Mais il est en réalité ici pour vous voir?...

MADAME DE PAROLY. — Je le sais bien! Mais pas à craindre, celui-là?...

M. DE PAROLY. — Tiens!... Pourquoi ça?... Il n'est pas vilain, Josué?...

MADAME DE PAROLY. — Non... Mais vous comprenez bien que, quand même il me plairait, sa religion m'interdirait formellement toute pensée... badine...

M. DE PAROLY, *à part.* — Badine!... elle a des mots!... du reste, ils sont de moi!... je les reconnais... (*Haut.*) Ah!... c'est sa religion qui vous interdit de?...

MADAME DE PAROLY, *simplement.* — Dame!... que voulez-vous que ce soit?...

M. DE PAROLY. — Mais, je pensais que c'était la vôtre?...

MADAME DE PAROLY. — Qu'est-ce que vous avez donc?... On croirait que vous êtes jaloux, ce matin?... Ah! ça serait drôle!...

M. DE PAROLY, *riant.* — Moi!... moi jaloux?... Ah! oui! ça serait drôle!... Ah! par exemple oui!... Non,... si vous étiez gentille, vous me raconteriez, au contraire...

MADAME DE PAROLY. — Quoi?

M. DE PAROLY. — Tout!...

MADAME DE PAROLY, *riant.* — Ce serait peut-être beaucoup?...

M. DE PAROLY, *inquiet, mais souriant.* — Croyez-vous?... Ma foi!... il faudrait que ce fût bien grave... car je m'aperçois de pas mal de petites privautés..: qui ne me choquent nullement... (*A part.*) Je mens!... C'est effrayant de mentir comme ça!...

MADAME DE PAROLY, *ouvrant une petite boîte.* — Ah!... deux oranges enveloppées dans du papier de soie et une carte :

VICOMTE D'ÉBROUILLAR

« Permettez-moi, Madame, de vous la souhaiter bonne et heureuse, accompagnée de ces deux oranges et d'un couteau pour les éplucher. » (*Elle rit.*) Où est le couteau?... Ah!... Voilà... (*Elle tire de la boîte un couteau de bois brut, sur le*

manche duquel est gravé « Olivette » à la
pointe d'un canif.)

M. DE PAROLY. — Drôle de cadeau!

MADAME DE PAROLY. — N'est-ce pas?
Oh ! c'est que c'est toute une histoire !

M. DE PAROLY. — Voyons l'histoire ?

MADAME DE PAROLY. — Eh bien, en éplu-
chant une mandarine, ici même — d'Ébrouillar me faisait une visite — je lui ai fait
sauter dans l'œil...

M. DE PAROLY. — Du jus?... Je connais
ça !...

MADAME DE PAROLY, *continuant.* — Un
petit morceau de peau;... vous savez, cette
petite peau fine de l'intérieur... qui ressemble à de la peau de gant... Il s'est mis
à pousser des cris affreux... « C'était un morceau énorme !... il le sentait... là... dans le
coin !... » Alors, j'étais désolée... et il m'a
demandé de souffler pour le faire sortir...

M. DE PAROLY, *inquiet.* — Vous avez soufflé ?...

MADAME DE PAROLY. — Bien entendu... c'est-à-dire, j'ai voulu souffler... mais je n'ai pas eu le temps... il m'a arrêtée en chemin et m'a embrassée... Ah ! mais embrassée !... avec une conviction touchante...

M. DE PAROLY. — Où ça?...

MADAME DE PAROLY. — Ici, je vous dis... près de la cheminée...

M. DE PAROLY. — Mais non... je vous demande à quelle place son baiser s'est posé...

MADAME DE PAROLY. — Posé?... Vous pourriez dire incrusté !... sur le nez... là... à gauche...

M. DE PAROLY. — Ah !... c'est très drôle !... (*A part.*) Enfin heureusement ce n'est pas la Poze !... (*Haut.*) Et le couteau ?...

17.

MADAME DE PAROLY. — Ah ! le couteau, c'est parce que je me suis plainte de ce que, quand j'ai un joli couteau, vous le prenez toujours... ou Jacques... enfin, je ne le retrouve jamais... alors, il m'a dit : « Eh bien, je vous en enverrai un, moi ! et il sera assez laid pour qu'on vous le laisse ! »

M. DE PAROLY, *examinant le couteau.* — En effet... (*Il remonte vers la fenêtre.*) — Ah !... voilà un fiacre ?... Un fiacre surmonté d'une énorme malle !... est-ce que vous avez invité quelqu'un ?

MADAME DE PAROLY. — Mais non !...

M. DE PAROLY. — Si c'est un invité, ou du moins un arrivant... il vient s'installer pour le reste de sa vie, bien sûr !... avec une malle de cette taille !...

MADAME DE PAROLY, *venant aussi se mettre à la fenêtre.* — En effet !... Tiens !..

c'est le valet de chambre de M. de la Poze qui est dans le fiacre !...

M. DE PAROLY, *à part*. — Voilà la pilule !... (*Haut.*) Comment connaissez-vous le valet de chambre de la Poze ?

MADAME DE PAROLY. — Mais parce qu'il vient souvent faire des commissions... apporter des lettres...

M. DE PAROLY, *souriant*. — Ah! c'est donc ça!... je me disais aussi... (*A part*). Je flageole !... est-ce assez bête?...

La porte du hall s'ouvre, et on voit entrer deux domestiques portant avec effort une boule de peluche blanche, qui a l'air d'une gigantesque boule de neige. Le valet de chambre ouvre la boule, de laquelle sort un molosse danois, moucheté comme une panthère, qui vient s'asseoir devant madame Paroly lui présentant une carte qu'il tient dans sa gueule.

M. DE PAROLY, *s'emparant de la carte.*

COMTE HERCULE DE LA POZE.

Contre tous *Hercule* vous protègera ! ...

(*A part.*) Quelle brute ! ! !

MADAME DE PAROLY, *ravie.* — Ah ! le beau chien !... Ah ! que je suis contente d'avoir ce chien-là !... (*Elle couvre de baisers la tête du chien ; le valet de chambre se retire ; elle lit ce qui est écrit sur le collier.*) Hercule, à la marquise de Paroly. » — Dieu !... Que tu es beau, va !... (*Elle couvre derechef Hercule de baisers.*)

M. DE PAROLY, *vexé.* — Charmante et spirituelle pensée ! donner son nom à ce chien !... il veut vous l'entendre prononcer sans cesse, son ridicule nom !... est-ce assez bête ?... S'appeler Hercule et le mettre sur ses cartes, encore !...

MADAME DE PAROLY, *distraite et pensant à son chien.* — C'est un nom qui oblige... Mais il est de taille à le porter...

M. DE PAROLY. — Hein?... Vous dites?...

MADAME DE PAROLY, *toujours distraite et en extase devant son chien.* — Moi?... Rien...

M. DE PAROLY. — Comment, rien?... mais, à l'instant même, vous disiez?...

MADAME DE PAROLY, *même jeu.* — J'ai dit quelque chose? Je ne m'en suis pas aperçue...

M. DE PAROLY, *à part.* — Ne brusquons rien... (*Haut.*) Il est splendide, ce gros chien!... mais un peu encombrant!...

MADAME DE PAROLY. — Vous n'êtes pas forcé de le prendre sur vos genoux!...

M. DE PAROLY. — Évidemment... c'est un très joli cadeau!...

Hercule se couche sur le flanc, en travers,

barrant complètement la cheminée; M. de Paroly, qui allait s'approcher pour se chauffer les pieds, recule.

MADAME DE PAROLY, *regardant le chien avec attendrissement*. — Pauvre bête!...

M. DE PAROLY. — Il doit être méchant, cet animal-là!... Il a un rictus qui n'annonce rien de bon!...

MADAME DE PAROLY. — Mais il faut qu'il le soit, méchant, puisqu'il est là pour me protéger!...

M. DE PAROLY. — Vous protéger?... dans quelles circonstances? Vous savez, si je suis indiscret, ne répondez pas...

MADAME DE PAROLY. — Eh bien, mais, il m'accompagnera à la promenade, il se couchera toujours à mes pieds...

M. DE PAROLY. — Toujours?...

MADAME DE PAROLY. — Mais oui... Il empêchera qu'on m'approche de trop près...

M. DE PAROLY. — Bah !... Et vous pensez que cela fera l'affaire de ce bon la Poze ?

MADAME DE PAROLY. — Prétendez-vous insinuer que la Poze m'approche de trop près ?

M. DE PAROLY, *à part*. — Elle a senti la botte... Il y a quelque chose... (*Haut.*) — Moi ? du tout !... d'ailleurs puisqu'il est convenu que je ne suis pas jaloux...

MADAME DE PAROLY. — Alors, pourquoi toutes ces questions ?...

M. DE PAROLY. — Mon Dieu, pour savoir !... Eh oui !... Tout bonnement... Je suis curieux !... Pourquoi ne l'avouerais-je pas ? On parle toujours de la curiosité des femmes, on a tort d'oublier celle des hommes, car elle est tout aussi violente et cent fois plus tenace...

MADAME DE PAROLY. — Alors, vous désirez savoir ?...

M. DE PAROLY. — Comment cet excellent la Poze s'y prend pour faire la cour... à une femme comme vous !... car, aux autres, je sais à quoi m'en tenir, je l'ai vu à l'œuvre...

MADAME DE PAROLY, *vivement*. — Ah !... allait chez des cocottes ?...

M. DE PAROLY, *jouant la surprise*. — « Allait ?... » Pourquoi ce passé ?

MADAME DE PAROLY. — C'est que vous disiez... « Je l'ai vu à l'œuvre ?... »

M. DE PAROLY. — Eh bien, oui... et, pas plus tard qu'il y a huit jours...

MADAME DE PAROLY, *saisie*. — Huit jours !... C'est donc ici ?...

M. DE PAROLY, *d'un air naïf*. — Mais oui !...

MADAME DE PAROLY, *indignée*. — Oh ! aller chez une cocotte de Brives-sur-Indre !...

M. DE PAROLY. — Dame!... quand c'est Brives-sur-Indre qu'on habite !

MADAME DE PAROLY.—Laissez donc!... c'est révoltant!... Je n'aurais jamais cru que M. de la Poze.....

M. DE PAROLY, *à part*. — C'est admirable !... C'est la conduite de la Poze qui la révolte!... Pour moi; elle trouve ça tout naturel !... (*Haut*.) — Mais non... Mais non, pas si révoltant que ça !... Il y en a vraiment dans le nombre qui sont fort gentilles,... du moins, moi, je les trouve telles!... (*A part*). — Je n'en connais pas une !

MADAME DE PAROLY. — Oh!... vous, vous... Ça ne prouve rien !...

M. DE PAROLY *à part*. — Pas jalouse, ma femme !.. Oh! non!...

MADAME DE PAROLY, *suivant toujours son idée*. — Les cocottes de Brives-sur-Indre !!! ça doit être joli !...

M. DE PAROLY. —Sans doute, à Paris, il y a plus de choix !... Mais enfin, la Poze prend ce qu'il trouve... Son nom oblige, comme vous le disiez tout à l'heure...

MADAME DE PAROLY. — Moi !... je n'ai pas dit un mot de ça !...

M. DE PAROLY. — Je vous demande bien pardon, vous avez dit : « *Hercule!* c'est un nom qui oblige, mais il est de taille à le porter !... »

MADAME DE PAROLY, *haussant les épaules.* — Je parlais de mon chien !... Si je continuais à défaire les paquets?

M. DE PAROLY. — Tiens !... c'est joli, ce palmier couvert de dattes !... C'est d'Hoasys qui vous a envoyé ça ?...

MADAME DE PAROLY. — Oui, c'est assez gentil !... Mais rien ne vaut Hercule !...

M. DE PAROLY, *à part.* — Encore !... Ce nom m'agace ! Et dire que je l'entendrai du matin au soir!... (*Haut.*) Dites-moi, est-ce qu'il est très amusant quand il roucoule, la Poze?...

MADAME DE PAROLY. — Mais... il ne roucoule pas...

M. DE PAROLY. — Ah! non!... C'est vrai! Il est brutal, au contraire!... La brutalité est, selon lui, le système à employer avec les femmes du monde!...

MADAME DE PAROLY. — Ah!... Comment savez-vous ça?...

M. DE PAROLY. — Parce qu'il me l'a dit, parbleu!... Aux filles, des protestations, des tendresses, de furtifs baisers et des regards chargés de caresses... C'est ce qu'elles nomment « des égards »; aux femmes du monde, un mot cru, un baiser brutal, un regard méprisant... et pas de stage!... C'est ce qu'elles appellent « une vraie passion! » La fille se dit : « Il m'aime assez pour me respecter. » La femme du monde pense : « Comme il m'aime! il ne me respecte même pas! »

MADAME DE PAROLY, *pensive.* — C'est pourtant vrai!...

M. DE PAROLY, *bondissant.* — Hein?... (*Souriant agréablement.*) Ainsi, la Poze ne vous a pas... respectée?... (*A part.*) Dieu!... que j'ai chaud!...

MADAME DE PAROLY. — Ça dépend comment vous entendez le respect?

M. DE PAROLY. — Je l'entends... autrement que lui... bien sûr!... Ah! racontez-moi donc ça, ca m'amusera beaucoup!...

MADAME DE PAROLY. — Quoi?...

M. DE PAROLY. — Votre petite aventure... avec la Poze?... Voyons, soyez gentille?... Narrez-moi ça,... pour mes étrennes, dans les plus grands détails...

MADAME DE PAROLY. — Mais vous m'ennuyez à la fin, je n'ai pas d'aventure!....

M. DE PAROLY, *à part.* — Si c'était vrai!... (*Haut.*) Allons donc! Je suis sûr que vous craignez de m'indisposer contre la Poze...

MADAME DE PAROLY, *énervée.* — Eh bien, vous, vous ne craignez pas de m'indisposer contre vous!... Sapristi!... êtes vous ennuyeux!... non!... Mais l'êtes-vous?...

M. DE PAROLY. — Mais...

MADAME DE PAROLY, *se sauvant.* — Tenez!... j'aime mieux revenir quand vous serez parti!...

CONCESSIONS

Après dîner. Au salon. MADAME lit un journal. MONSIEUR en lit un autre.

MADAME se lève brusquement et prend la lampe.

MONSIEUR, *surpris*. —Où donc allez-vous?

MADAME. — Me coucher!...

MONSIEUR. — Mais... il est neuf heures... vous sortez de table...

MADAME, *tenant toujours sa lampe.* —
C'est possible; mais, dans mon lit, je n'aurai
pas froid; du moins, je l'espère, et, en
soufflant la bougie, je cesserai de voir
ce qui m'entoure; ce sera toujours ça de
gagné!...

MONSIEUR. — Ce qui vous entoure?...

MADAME. — Croyez-vous que se soit gai,
ces affreuses pièces nues, tristes et enfumées
dans lesquelles on sent que tous vos ancêtres
ont bâillé sans interruption pendant des
siècles entiers... et je ne leur en veux pas de
ça!... Pauvres gens!!!

MONSIEUR, *aimable.* — Voyons, ma
chérie, tu exagères!...

MADAME. — Bonsoir!...

MONSIEUR. — Bonsoir, ma chérie...
(*Négligemment.*) A propos, j'ai examiné les
devis des réparations, nous pourrons peut-
être nous entendre...

MADAME, *revenant brusquement sur ses pas.* — Vous dites?

Elle pose la lampe.

MONSIEUR. — Oui... Je crois qu'avec quelques modifications... (*Mouvement de Madame.*) modifications très légères, qui ne nuiront en rien au projet d'ensemble, on arrivera à vous satisfaire... (*Moqueur.*) à vous organiser un cadre digne de vous... puisque vous croyez ne pouvoir vous passer de ce... complément?

MADAME. — Oui, oui,... blaguez bien!... Vous voulez me piquer au jeu... mais ça ne prendra pas, vous savez?... Je ne crois plus à la robe de mousseline blanche en été, de velours noir en hiver, et aux meubles acajou et utrecht en toute saison... C'était bon autrefois, quand on ignorait le reste...

MONSIEUR. — Il y eut cependant à ces époques... reculées, de très jolies femmes dont les aventures galantes et les succès mondains ont eu un retentissement européen...

MADAME. — Oui, mais ça n'avait aucune élégance, ces aventures-là!... c'était banal, quand ce n'était pas boueux...

M ONSIEUR. — Oh! boueux!!!

MADAME. — Certainement!... Une femme fagotée, sans un joli salon bien clos et bien pomponné, perd la moitié de son charme, et ses peccadilles sont des énormités!...

MONSIEUR. — Je vous citerai un salon modeste qui fut célèbre : celui de madame Récamier...

MADAME, *indignée*. — Ah! parlons-en, de madame Récamier!!! Est-ce que vous croyez que je voudrais être comme madame Récamier? Je ne comprends pas comment vous pouvez faire des comparaisons semblables!!!

MONSIEUR. — Sa beauté fit pourtant d'innombrables passions, et...

18

MADAME. — Oui! elles sont jolies, les passions!... Un... monsieur comme M. de Lamartine... Ça n'engage à rien!...

MONSIEUR. — Pardon... vous confondez; c'était M. de Chateaubriand qui...

MADAME, *méprisante*. — Ah! bah! l'un ou l'autre!... Je savais que c'était un songe creux quelconque; le nom ne fait rien à l'affaire!...

MONSIEUR. — Évidemment... Seulement, il n'est pas juste d'attribuer à Lamartine ce qui appartient à...

MADAME. — « Appartient » est heureux!...

MONSIEUR. — Et puis, il est inutile que vous qui êtes instruite vous...

MADAME, *agacée*. — Est-ce pour écouter une conférence sur les grands hommes ratés, que vous me retenez ici?

Elle va pour reprendre la lampe.

MONSIEUR. — Non!... Nous sommes arrivés à ce sujet, je ne sais plus à quel propos?...

MADAME. — Je le sais, moi! C'est à propos du salon et des plans des réparations...

MONSIEUR. — Parfaitement. (*Il se lève et prend un gros rouleau posé sur le piano.*) Vous plaît-il que nous examinions ensemble les dessins et les projets?

MADAME, *joyeusement.* — Ah! je crois bien!!!

Elle s'asseoit.

MONSIEUR, *la regardant tout en déployant son rouleau.* — Que tu es jolie, quand tu es souriante! Je viens de retrouver la physionomie de ma petite femme des bons jours...

MADAME. — Rendez-moi les bons jours, vous retrouverez cette petite femme-là tout le temps...

MONSIEUR. — Mais, ma petite chérie, je fais tout ce que je peux pour te satisfaire...

MADAME, *gouailleuse.* — En effet, vous me refusez tout !

MONSIEUR. — Peux-tu dire cela?... Je cherche, au contraire, à exaucer tes moindres souhaits, dans la limite du possible...

MADAME, *songeuse.* — Aïe ! Voilà le chien-dent ! Cette limite-là n'est pas du tout faite pour moi !...

MONSIEUR. — Voyons, ma chère enfant, tâchons de nous entendre ; rendons un peu la main...

MADAME. — Je ne demande pas mieux !... Commencez !... Accordez-moi les réparations, sans restriction...

MONSIEUR. — Mais c'est impossible ! Sois raisonnable... laisse-moi t'expliquer, te montrer l'inutilité absolue de certaines choses... Tiens, voici le projet pour le grand salon... Eh bien, regarde ce dessin ! Il est insensé, ce dessin !

MADAME. — Je m'en flatte! C'est moi qui l'ai fait!

MONSIEUR, *stupéfait*. — Toi?

MADAME. — Moi-même. (*Elle examine le dessin.*) L'architecte a bien un peu rectifié, redressé par-ci par-là... Mais enfin, le principal est de moi...

MONSIEUR. — Ainsi, tu dessines?

MADAME. — Oh! mal!...

MONSIEUR. — Pourquoi ne me l'as-tu jamais dit?

MADAME. — Pour bien des raisons. D'abord, au commencement, vous me répétiez sans cesse, à propos des musées et des cathédrales gothiques ou autres, « toi qui es artiste? » et je ne puis vous dire à quel point cette malheureuse phrase m'agaçait... Ensuite, je vous connais; vous eussiez sans cesse mis en avant mon soi-disant talent; il eût fallu fabriquer des vues de « notre cher voyage »,

18.

peindre des éventails et des écrans pour toute votre famille ; bienheureuse encore si l'on n'eût pas demandé des abat-jour et des para-vents !.. confectionner des pantins pour les petits cousins et des en-têtes pour les menus des dîners de chasse, etc., etc... Cette pers-pective ne me souriait pas du tout, alors j'ai gardé le silence... Pour une fois que ça m'arrive, vous n'allez pas me le reprocher?

MONSIEUR. — Mais comment se fait-il que votre mère ne m'ait jamais parlé de cela, ni avant ni après notre mariage?

MADAME. — Après, je lui avais bien recom-mandé de se taire ;... vous m'auriez collée dans le salon, aux Glycines, en me faisant peindre de petites horreurs, sous prétexte que, quand on a « un talent d'agrément », on ne doit jamais s'ennuyer !. Avant, elle aurait redouté d'avoir l'air de me faire mousser à vos yeux, ou encore de me donner de l'orgueil... Elle redoute beaucoup de choses, vous savez, maman ?...

MONSIEUR. — Je t'assure, que, si tu voulais avoir confiance en moi, notre existence serait tout autre...

MADAME. — Alors, je ne demande pas mieux!...Mais, au fait, j'ai confiance en vous... J'ai confiance en tout le monde d'abord, pour ce que j'ai à dire...

MONSIEUR. — Revenons à notre salon ?... Tu as mis là des cariatides qui ne servent à rien du tout...

MADAME, *moqueuse*. — Mon Dieu, je n'ai jamais pu considérer des cariatides comme des objets de grande utilité et...

MONSIEUR — Je veux dire que tes cariatides alourdissent et enlaidissent l'appartement, sans compter qu'elles lui donnent l'air d'un casino de ville d'eaux ou d'un restaurant pour noces!

MADAME, *regardant le dessin*. — Vous avez peut-être raison?...

MONSIEUR. — Donc, elle n'ont que l'avantage de coûter horriblement cher; as-tu une idée de ce que ça coûterait, ces dix bêtes de femmes en marbre couleur chair?...

MADAME. — Je ne sais pas!...

MONSIEUR. — Mais enfin?...

MADAME, *négligemment*. — Cent mille francs?...

MONSIEUR, *saisi de cette désinvolture*. — Non, quatre-vingt mille, mais c'est déjà joli... Tu as une façon de jongler avec les gros chiffres... Fichtre!

MADAME, *agacée*. — Dame! comment voulez-vous que je sois au courant de ces prix-là?.. On croirait, ma parole, que j'ai passé ma vie à faire faire des femmes en marbre couleur chair?...

MONSIEUR. — Enfin, nous bifferons les cariatides...

MADAME. — Je veux bien!... mais il faut alors des colonnes Louis XVI, auxquelles on adaptera les appliques, car il y aura une quantité d'appliques pour suppléer au lustre...

MONSIEUR. — Pourquoi suppléer au lustre?

MADAME. — Les lustres rendent affreuses les plus jolies peaux... La lumière, reçue d'en haut, creuse les ombres et accuse les rides. La beauté des actrices tient le plus souvent à ce que la lumière de la rampe, arrivant d'en bas, glisse sans frapper directement et durement...

MONSIEUR. — As-tu l'intention de mettre des lampions dans le parquet?...

MADAME. — Puisque je vous explique qu'on placera des appliques aux colonnes, pas trop haut...

MONSIEUR. — Mais il y a un superbe lustre!... à trente bougies!... et pas une seule branche pareille... une merveille!...

MADAME. — Eh bien, on le mettra au grenier...

MONSIEUR, *suffoqué.* — Au grenier!...

MADAME. — Dans une caisse, bien emballé, dans du son!... Du reste, vous pouvez bien le suspendre dans votre chambre, puisque vous l'aimez tant...

MONSIEUR. — Oh! non, ce serait ridicule, et, d'ailleurs, il me tomberait sur la tête...

MADAME. — Oh! en l'attachant bien!...

MONSIEUR. — Je veux dire que le plafond de ma chambre n'est pas assez élevé pour permettre d'y accrocher ce lustre; je m'y casserais la tête...

MADAME. — Enfin, vous ferez comme bon vous semblera!... j'ai lâché mes cariatides, vous pouvez bien lâcher votre lustre...

MONSIEUR. — Soit!... Maintenant, ici, sur les murs du petit salon, que signifie ceci, écrit sur les six panneaux : Clairin, Aublet, Abbéma, Jacquet, Courtois, et Ferrier?...

MADAME. — Ah! c'est parce que ce salon étant celui que j'habiterai le plus, je veux avoir sous les yeux des choses riantes et gracieuses; je trouve que ces peintres-là réussissent très bien les femmes!... je veux de grandes femmes de fantaisie;... quelque chose comme la *Froufrou,* de Clairin, ou la *Séléné* d'Aublet. Vous saisissez ?...

MONSIEUR. — Je saisis que ce projet coûterait à réaliser soixante mille francs, au bas mot, et que...

MADAME. — Ah! par exemple, j'espère que vous n'allez pas chipoter pour soixante mille francs ?

MONSIEUR. — Mais, ma chérie, puisque tu veux des femmes dans le petit salon, on y mettra les grands portraits qui sont dans la galerie...

MADAME. — Les portraits de famille? Ah non!:.. ils sont trop laids !!!

MONSIEUR, *terrifié*. — Laids ??? Mais il y a deux Largillière ; un Latour, un Mignard, un Vanloo, sans compter les autres... et un Van Dyck ... un Van Dyck !!!

MADAME. — C'est une fort remarquable collection, je ne dis pas le contraire, elle a certainement une grande valeur de vente; malheureusement, mon ami, vos tantes, grand'mères, etc., n'étaient pas jolies du tout!... elles étaient même laides; alors, c'est de la belle peinture, mais c'est ennuyeux comme la pluie!... Quand à votre Van Dyck, pour lequel vous criez si fort, c'est un portrait d'homme !

MONSIEUR. — Eh bien?

MADAME. — Eh bien, je vous ai dit que je

ne voulais dans le petit salon que des choses
agréables à l'œil... donc, pas d'hommes !

MONSIEUR. — Je croyais qu'un homme,....
quand il était de Van Dyck?... Je suis surpris
de vous entendre dénigrer ces portraits...

MADAME. — Je ne les dénigre pas du
tout !...

MONSIEUR — Eh ! si !... vous leur préférez
la peinture au goût du jour !...

MADAME. — Dans mon salon, c'est vrai,
je préfère avoir de jolies petites femmes bien
modernes, bien vivantes, avec des teints rosés et des poses naturelles, plutôt que ces
portraits bêtes, les bras en guirlandes, les
joues plaquées de rouge, le corps sanglé...

MONSIEUR. — Ces poses sont un peu af-
fectées, j'en conviens; mais quels tons doux,
tendres et calmes; comme cela repose des
orgies de couleurs auxquelles nous sommes
habitués... il y a une chose que rien ne peut

19

remplacer, ma chérie, c'est la patine du temps...

MADAME. —Ah!.... ouiche! C'est pas malin à imiter, la patine du temps ! je me charge bien volontiers de donner deux cents ans à un tableau, moi!.... il n'y a qu'à le vernir frais, pour le faire pousser au jaune si il est à l'ocre, et au noir si il est au bitume.... on y fait ensuite des... choses de mouches avec du café noir, et ça vous a tout de suite un âge incalculable...

MONSIEUR. — Et dire qu'elle n'est pratique que pour des choses comme celle-là !!!

MADAME. — Voyons, entendons-nous?.... On mettra les grand'mères dans le second salon... jusqu'à la génération peinte par M. Ingres inclusivement, et vous m'accorderez pour le petit salon un Aublet et un Clairin... Est-ce dit?

MONSIEUR. — Vous arrivez toujours à vos fins, aussi...

MADAME, *protestant*. — A mes fins ! J'en voulais six, je transige pour deux, et vous appelez ça « arriver à mes fins » ?

MONSIEUR, *résigné*. — Enfin !... A présent, je dois vous avertir que, ainsi que je vous l'avais dit déjà, il est impossible d'éclairer la salle de bain par le plafond ; d'ailleurs, il y a une fenêtre, une superbe fenêtre à ogives...

MADAME. — On la bouchera !.... C'est stupide cette fenêtre, à ogives !.... C'est une salle de bain, et non un temple...

MONSIEUR, *gracieux*. — C'est un temple dont tu es la divinité, ma chérie !....

MADAME, *très digne*. — Je n'aime pas qu'on dise des bêtises quand je parle affaires, vous savez ?

MONSIEUR. — On ne peut pourtant pas

démolir un étage!... le seul moyen d'arranger
cela est de faire un plafond lumineux...

MADAME. — Lumineux?.... Éclairé par
quoi?

MONSIEUR. — Par le gaz.

MADAME. — Jamais!... C'est à dire si,
quand je vieillirai...

MONSIEUR. — Il est pourtant impossible
de faire autrement....

MADAME. — Alors, si c'est impossible, il
faut bien accepter la combinaison lumi-
neuse...

MONSIEUR.—A la bonne heure!.. tu deviens
raisonnable!.. Pour les arbres de la cour, on
pourrait remplacer le cèdre par un sapin...

MADAME, *indignée.* — Oh!!!

MONSIEUR. — Un beau sapin!.. Et les
catalpas autour de lui, le masquant légèrement...

MADAME. — Non; je tiens absolument à

mon cèdre ! C'est un arbre qui me séduit tout
à fait... Je ne comprends pas les gens qui
n'ont pas de cèdre dans leur jardin... Oh ! du
reste, ne criez pas !... il y aura une grande
économie dans l'arrangement du jardin... On
rattrapera ça...

MONSIEUR. — Ah !!!

MADAME. — Largement !... Imaginez-vous
que j'avais vu des plantes grimpantes à larges
feuilles, des plantes admirables..... Je voulais
en couvrir les murs...

MONSIEUR. — Quels murs ?

MADAME. — Les deux grands murs de
l'hôtel d'Armoise et de l'hôtel Laubardemont ; ça nous borne des deux côtés,
c'est horrible à voir, ces masses grises !...
Alors j'ai résolu de les couvrir de ver-
dure...

MONSIEUR. — Ce serait long ! si cela pouvait se faire ; mais on ne couvre pas ainsi

les murs des voisins, par la raison qu'on n'en a pas le droit et que...

MADAME.—Si ça touche! Je sais!.... et je me représente facilement les cris de putois que pousserait la mère Laubardemont si on détériorait son mur!.. mais ce sera appliqué contre un treillage écarté du mur de 25 centimètres environ...

MONSIEUR. — Un treillage?.. haut comme une maison de trois étages?....

MADAME. —Positivement!...

MONSIEUR. — Mais il sera démoli au premier coup de vent! ça aura un ballant du diable... ça cassera!....

MADAME. — Non, ce sera en fer...

MONSIEUR, *saisi*. — En fer?.... Eh bien, il y en aura pour une jolie somme!... Quand je pense que les théâtres reculent devant la dépense des rideaux métalliques, et que moi, je vais faire cent fois plus de frais pour appliquer du lierre, qui ne poussera pas, contre la façade de la mère Laubardemont !... C'est navrant !...

MADAME. — On mettra du lierre pour l'hiver, mais, pour l'été, on le mélangera d'autres plantes d'un vert gai, parce que, sans cela, ça a l'air mausolée... C'est précisément pour ça que je voulais des grandes feuilles, et j'avais beau les expliquer, personne ne comprenait : Labrousse, Lion, Isabelle, s'étaient mis en campagne; on me nommait des noms en *a* ou en *um*; je disais: « C'est peut-être ça! » on me montrait la plante; c'était pas ça du tout!... Je disais : « C'est une feuille large, un peu pointue, ressemblant vaguement à celle du liseron. » On ne trouvait rien!.. Enfin, l'autre jour, chez le jardinier de madame de Nymbe, j'ai découvert ce que c'est; devinez?...

MONSIEUR. — De l'aristoloche?

MADAME. — De grands haricots !... de naïfs haricots ! Et l'on dit que je n'ai pas des goûts simples !...

MONSIEUR. — J'accorde les haricots... dis-moi, puisque nous en sommes à organiser notre vie, et à nous faire des concessions réciproques, je te demanderai, ma chérie, de ne pas te lier avec madame de Nymbe...

MADAME. — Oh !... pourquoi?

MONSIEUR. — Je ne dis pas qu'elle ait des torts sérieux, mais elle a un genre qui m'exaspère ; je serais au désespoir de la voir souvent près de toi..... Je m'aperçois qu'elle cherche le rapprochement, et, comme elle n'est pas du tout de ton âge et qu'elle a une détestable tenue, tu...

MADAME, *vivement*. — Pas du tout! Elle se tient très bien depuis qu'elle a un amant !

MONSIEUR. — ...!!!!!!!!

MADAME. — Oh! c'est très récent!... mais elle est déjà transformée... ce n'est plus la même femme!....

MONSIEUR. — Malgré sa transformation, je te demande de me la sacrifier....

MADAME. — Si je fais ça, vous allez vous engager à ne plus jamais amener ni inviter le vieux Rechampy;... il me crispe!

MONSIEUR. — Ne plus recevoir Rechampy!... y penses-tu? Un vieil ami de ma famille... de la tienne aussi!

MADAME, *pompeusement.* — Madame de Nymbe est une amie de ma mère!

MONSIEUR, *ébranlé.* — Allons donc!

MADAME. — Mais oui, bien qu'elle soit plus jeune... Allez, gardez Rechampy, qui ne dépare pas la galerie des portraits, bien qu'il ait besoin d'un fort rentoilage, le pauvre bonhomme, et laissez-moi madame de Nymbe, qui fait encore son petit effet de loin et

19.

donne la note gaie, quand on s'embête trop...

MONSIEUR. — Mon Dieu !.. Si madame de Nymbe est réellement une amie de ta mère, il faut se placer à un autre point de vue... Cela change absolument la question... A propos, tu as répondu à la lettre de ma mère, n'est-ce-pas ?

MADAME. — Sapristi ! j'ai oublié !

MONSIEUR. — Que tu es étourdie !.... Tu sais qu'elle attache une certaine importance aux choses d'étiquette...

MADAME, *convaincue*. — Ah ! oui, je le sais !...

MONSIEUR. — Eh bien !

MADAME. — Eh bien ! J'ai oublié, que voulez-vous ?.... Je vais lui écrire à l'instant, avant de me coucher...

MONSIEUR. — C'est inutile à présent !.... La lettre se croiserait avec elle ; elle arrive demain...

MADAME, *inquiète*. — Elle arrive ! où ça ?....

MONSIEUR. — Mais... ici...

MADAME, *bondissant.* — Ici !!! (*Elle ramasse sa traîne à pleines mains.*) Alors, moi, je file !

MONSIEUR. — Pourquoi dis-tu cela ?

MADAME. — Pourquoi ??? Ah ça !... est-ce que vous vous imaginez que je vais habiter avec ma belle-mère ???

MONSIEUR. — Il ne s'agit pas d'habiter... Ma mère vient ici en déplacement, en déplacement seulement...

MADAME. — Vous croyez ça ?... Une fois arrivée, elle restera !.... Elle s'assomme chez elle, et, lorsqu'elle sera ici, elle s'y incrustera... Et puis, songez donc !!! Des gens à faire enrager, à brouiller, comme c'est tentant !.... elle ne résistera pas à ce plaisir...

MONSIEUR. — Mais jamais ma mère ne cherchera à nous être désagréable, ma chérie; à nous brouiller encore moins...

MADAME. — Non?.... Avec ça qu'elle n'a pas commencé déjà?....

MONSIEUR. — Mais comment?...

MADAME. — Par lettres!....

MONSIEUR. — Je t'assure que...

MADAME. — Eh! allons donc! vous le savez aussi bien que moi!.... Toutes ses lettres contenaient des phrases aigres-douces à mon sujet; des insinuations méchantes, ou des allusions qu'elle savait devoir vous indispose r contre moi...

MONSIEUR. — Je ne sais vraiment où tu as pris ces idées...

MADAME. — Je ne les ai pas prises, je les ai lues : « *Il paraît* que votre femme a » assez de la Suisse... *Il semble,* d'après ses » lettres, qu'elle trouve que votre voyage de » noces a assez duré... » Et plus tard : « Votre » femme fait, *dit-on,* les beaux jours de Dau- » ville; *il paraît* qu'elle est si admirée et

» entourée que toutes les anciennes royautés
» la jalousent fort, et lui en veulent de leur
» déchéance, etc., etc. »

MONSIEUR. — Je n'ai vraiment pas remarqué...

MADAME. — Répétez-moi donc ça en me regardant dans le blanc de l'œil?.... Voyons, là, sincèrement, croyez-vous qu'elle m'aime, madame votre mère?....

MONSIEUR, *embarrassé.* — Mais... je crois... je suis...

MADAME, *riant.* — Vous voyez bien!.... Vous n'osez pas dire oui...

MONSIEUR. — Tu sais qu'une mère est toujours un peu jalouse de voir son fils appartenir entièrement à une autre femme... Elle souffre de ce que...

MADAME. — Elle souffre de ce que j'ai trente ans de moins qu'elle, voilà tout!....

MONSIEUR. — Enfin, ma chérie, si tu

veux ne pas me causer un grand chagrin, tu seras convenable pour ma mère; je ne te demande même pas d'être affectueuse...

MADAME. — Oh ! non ! ce serait trop !

MONSIEUR. — Mais je te supplie d'être polie, correcte...

MADAME. — Oh ! vous savez, la correction et moi...

MONSIEUR. — Tu me comprends fort bien; feras-tu ce que je te demande ?....

MADAME. — Je vous promets de faire tout mon possible ; mais, à votre tour, accordez-moi l'arrangement complet de la cour...

MONSIEUR. — Qu'appelles-tu « complet »?

MADAME. — La grande pelouse partant du perron, le perron de marbre rose, et la belle fontaine...

MONSIEUR. — Cette fontaine coûtera un prix fou!.... Il est vraiment ridicule de...

MADAME. — Si vous voyiez les figures des

dauphins, vous tiendriez autant que moi à cette fontaine!... Ils sont délicieux, ces animaux-là!... Et gras, et ronds,... avec de bons gros yeux bêtes et tendres!... J'en ai si envie, si vous saviez?...

MONSIEUR. — Allons, je cède encore!... J'espère que je rends la main, moi?

MADAME. — Et moi, donc?... Vous verrez que nous aurons une existence idéale, en entrant un peu avant dans la voie des concessions?.....

MONSIEUR, *inquiet.* — Un peu avant! Qu'entends-tu par là?

MADAME. — Je vous le dirai un autre jour!... Assez de concessions pour une fois!.....

LE DIVORCE DE L'ACADÉMIE

A l'Institut. Un boudoir communiquant avec la salle des séances. Mobilier convenable, mais défraîchi et peu élégant. Sièges majestueux et inhospitaliers; tableaux de Lesueur, David, Lebrun, M. Ingres dans des cadres dédorés.

Sur un canapé 1830 (acajou plaqué et velours d'Utrecht jonquille) est assise :

L'ACADÉMIE FRANÇAISE. Age incertain;

air assez comme il faut, mais aucun chic. Bonnes façons. Robe de velours pensée ouverte en ruisseau ; écharpe Paméla ; un turban et des gants à un seul bouton. Semble s'ennuyer profondément. Un huissier annonce MAÎTRE ROUSSE ; le visage de l'Académie s'illumine.

MAÎTRE ROUSSE, *saluant*. — J'ai l'honneur, Madame, de me rendre à votre appel...

L'ACADÉMIE. — Cher maître, j'ai de vos lumières un pressant besoin.... Je vais vous demander une longue et délicate consultation?...

MAÎTRE ROUSSE. — Je suis, Madame, à vos ordres... (*A part.*) Un jour où il n'y a pas séance, c'est dur !...

L'ACADÉMIE, *un peu embarrassée, cherchant ses mots*. — Voici ce dont il s'agit :... j'ai... vaguement entendu parler de la loi du divorce, et je désirerais connaître cette loi nouvelle et bienfaisante...

MAÎTRE ROUSSE, *scandalisé.* — Oh! bienfaisante!!!...

L'ACADÉMIE, *câliné.* — Voulez-vous m'expliquer cette loi, dites, maître Rousse?...

MAÎTRE ROUSSE, *étonné, à part.* — Qu'est-ce qu'elle a donc?... (*Haut.*) Mon Dieu!... Madame, si vous daignez...

L'ACADÉMIE, *brusquement.* — Oh! Pas de phrases, voulez-vous?... Ce n'est pas à l'académicien que je m'adresse, mais à l'avocat... dont je réclame l'appui...

MAÎTRE ROUSSE, *saisi.* — L'appui?... Est-ce que?...

L'ACADÉMIE, *résolument.* — Eh bien! oui, là!... autant vous dire tout de suite de quoi il retourne, n'est-ce pas?...

MAÎTRE ROUSSE, *complètement ahuri, à part.* — Quel langage, Seigneur!...

L'ACADÉMIE. — Voici la chose : j'en ai assez du prince Vieujeu, mon très honorable époux !... Je suis décidée à divorcer... Songez donc?... Il y a deux cent cinquante-deux ans que nous vivons ensemble, et dame !...

MAÎTRE ROUSSE, *atterré.* — Divorcer!! Mais, Madame, on ne divorce pas ainsi... Il faut des motifs...

L'ACADÉMIE. — J'en ai...

MAÎTRE ROUSSE. — Des motifs sérieux...

L'ACADÉMIE. — J'en ai!... je n'en ai même que de ceux-là !... (*Avec éclat.*) Oh! le sérieux !... (*Changeant brusquement de ton.*) J'en ai plein le dos!... — comme disent ceux qui écrivent des livres,... pas pour ici!... (*Curieusement.*) Ils sont amusants, eux, n'est-ce pas?...

MAÎTRE ROUSSE. —Sans doute, Madame, sans doute, mais enfin...

L'ACADÉMIE. — Voyons, mon cher maître, expliquez-moi comment je puis m'y prendre pour divorcer?...

MAÎTRE ROUSSE. — Pour faire prononcer le divorce contre le prince Vieujeu, — car je suppose que vous tenez à ce qu'il soit prononcé *contre* lui?...

L'ACADÉMIE. — Parbleu!...

MAÎTRE ROUSSE. — Il faudrait que le prince eût subi une condamnation afflictive et infamante, et je ne sache pas que...

L'ACADÉMIE. — Hélas, non!.....

MAÎTRE ROUSSE, *à part.* — Elle est cynique!... (*Haut.*) Si le prince avait, sous... la coupole conjugale, consommé un adultère...

L'ACADÉMIE, *vivement.* — Consommé!... Ah! Pauv'prince!... Passons!... il faut chercher autre chose....

MAÎTRE ROUSSE. — Il ne nous reste plus alors que les excès...

L'ACADÉMIE, *même jeu.* — Pas ça non plus!...

MAÎTRE ROUSSE. — Sévices?...

L'ACADÉMIE. — Non!...

MAÎTRE ROUSSE. — ...ou injures graves?

L'ACADÉMIE. — Qu'entendez-vous par « injures graves »?

MAÎTRE ROUSSE. — C'est fort difficile à préciser... cela varie à l'infini, suivant la classe sociale à laquelle appartiennent les époux..... Il est évident, par exemple, qu'un mot malséant adressé en public par un balayeur à sa femme ne constitue pas une injure grave, tandis que ce même mot, dit à une personne comme vous, Madame, pourrait... à la rigueur...

L'ACADÉMIE, *découragée.* — Le prince Vieujeu est au contraire d'une politesse exquise... il m'accable de son respect... trop même... C'est bien de ça que je me plains!..

MAÎTRE ROUSSE. — Alors, si le prince ne s'est porté à aucun acte...

L'ACADÉMIE. — Jamais d'actes!... Rien que des... abstentions!... Mais, dites-moi, cher maître, est-ce que ces abstentions réitérées n'ont pas un caractère presque injurieux pour celle qui en est l'objet?...

MAÎTRE ROUSSE, *très ennuyé.* — Effectivement... dans certains cas... on considère que...

L'ACADÉMIE. — Alors, je suis sauvée!... (*On entend un brouhaha dans la salle des séances.*) Allons!... bon!... voilà les autres, à présent!...

MAÎTRE ROUSSE, *à part.* — Ah! tant mieux!...

L'ACADÉMIE, *saisissant les mains de maître Rousse.* — Écoutez?... Vous qui en êtes, vous savez à quel point ils sont embêtants?... Vous pourrez leur dire ça à la barre?...

MAÎTRE ROUSSE, *sans entrain*. — Puisque j'ai promis... et, si vous croyez devoir persévérer dans votre résolution, je me ferai l'interprète de...

Entrée d'un groupe d'académiciens de tous les temps. Messieurs : CASIMIR DELAVIGNE, VOLTAIRE, RENAN, CONRART, CHATEAUBRIAND, BALLANCHE, RACINE, CAMILLE DOUCET, COPPÉE, MASSILLON, BOUFFLERS, CARO, MÉZIÈRES, FLÉCHIER, etc.

L'Académie les reçoit un peu froidement. Tous semblent agités et inquiets.

RACINE, *s'avançant vers l'Académie*. — Un bruit assez étrange est venu...

L'ACADÉMIE, *continuant*. — Jusqu'à vous?.. Inutile d'aller plus loin, nous savons la suite.....

M. JULES SIMON. — Vous séparer du

prince Vieujeu?... User du divorce?... Vous? Quel scandale!...

CHATEAUBRIAND. — Ce scandale indigne-rait notre compagnie!...

M. COPPÉE. — Notre illustre compa-gnie!... C'est ce que je disais à Conrart dans le fiacre qui nous a amenés... N'est-il pas vrai, Conrart?...

CONRART. —

M. COPPÉE. — Je lui disais que...

BERRYER, *la main dans le revers de sa redingote, interrompant et s'adressant à l'Académie.* — Mais enfin, Madame, quels motifs vous poussent à agir ainsi envers le prince... le prince légitime?..

L'ACADÉMIE, *s'adressant à tous.* — Vous n'attendez pas de moi, bien chers augures, que je vous narre toutes mes lourdes tristesses, que je vous conte mes solennels ennuis?... Vous ne demandez pas que mon pauvre cœur, s'épanchant une fois enfin en sanglots savamment désordonnés, vous pleure ses illusions déçues, ses aspirations toujours vaines vers l'infini... vous dise les révoltes contenues d'une âme bi-centenaire, qui, maîtresse infortunée du corps qu'elle anime... (*Bossuet passe majestueusement au premier plan.*) est condamnée à vivre dans ce palais, que le temps épargne et qu'il peut rajeunir... (*Lamartine se faufile devant Bossuet et le masque.*) mais dont la volonté inflexible du prince Vieujeu — le pauvre encroûté ! — a fait, j'oserai le dire, un cénotaphe !... (*Mouvement d'étonnement respectueux parmi les groupes.*)

L'ACADÉMIE. — Non!... le prince n'est pas ce qu'un vain peuple pense ! ... (*Voltaire sourit le plus aimablement qu'il peut.*) Et j'ai le droit de déclarer ici qu'il ne m'a pas procuré toutes les satisfactions légitimes, — si je puis m'exprimer ainsi, — que j'étais en

20

droit d'attendre de lui!... Le prince est
âgé, — que dis-je?... il n'a jamais été
jeune!... — Je n'ai jamais goûté aucune des
joies permises!... Eh bien! ces joies, je veux
les connaître, tandis qu'il en est temps
encore!... C'est ma philosophie...

M. COUSIN, *s'insinuant au premier plan,
en jouant doucement des coudes.* —La philosophie, c'est moi, Madame, et, dût ma modestie
bien connue en souffrir, je ne recule pas
devant un devoir à accomplir, je m'avance...

L'ACADÉMIE, *fredonnant à demi-voix.* —
Bu, qui s'avance, Bu, qui s'avance, Bu...
(*Étonnement général.*)

M. COUSIN, *qui n'a pas entendu.* —
Vous permettrez, Madame, à un de vos plus
fervents admirateurs, dont le culte passionné
pour le beau n'a jamais été mis en doute, de
vous faire connaître avec respect, mais avec
une fermeté... éclectique, sa pensée entière,

j'allais dire la pensée de tous... — Croyez-
en, Madame, une expérience indiscutée, je
pense. (*Avec conviction et sans simplicité.*)
Les seules joies vives, durables, les seules
qui ne passent pas et dont le souvenir soit
sans mélange, sont celles-là qu'on est allé
chercher aux sources éternelles et toujours
vivifiantes de l'idéal!... (*Un temps.*) L'immatérialité des sensations...

ALFRED DE MUSSET, *protestant*. — Oh!...
Oh!... Oh!... L'immatérialité des sensations !
Qu'en dites-vous, Conrart?...

CONRART. — ...

M. COUSIN. — J'en atteste mes chastes
maîtresses!... Vous toutes, ô mesdames de
Longueville, de Hautefort, de Chevreuse, de
Sablé...

L'ACADÉMIE, *énervée*. — Assez!... monsieur Cousin, assez !... qui ne sait se borner
ne sait... (*Boileau frétille joyeusement dans*

son fauteuil.) D'ailleurs, il ne s'agit pas de ce que vous semblez croire?... Vous vous fourrez le doigt dans l'œil, jusqu'au coude...

M. DE CHATEAUBRIAND, *méprisant.* — Quelle vulgarité !...

L'ACADÉMIE. — Eh bien! oui, là!... vulgaire si vous voulez!... Moi, j'étouffe à la fin!... Je n'en peux plus!... Je souffre, il faut que je crie!...

M. SCRIBE. — Cependant...

L'ACADÉMIE. — Je sais bien... Vous trouvez qu'on doit souffrir et se taire sans murmurer!... seulement, je ne suis pas comme vous!... Je ne veux plus ni souffrir ni me taire...

LE CARDINAL DUBOIS. — Et allez donc! Ksss!... Ksss!... Ksss!...

M. BALLANCHE. — Si j'osais émettre un avis... duquel l'Académie ferait tel usage qu'il lui plairait...

L'ACADÉMIE. — Vas-y, philosophe mystique!... J't'écoute!...

MAÎTRE ROUSSE, *à part, la regardant du coin de l'œil.* — Je ne sais vraiment pas s'il est prudent de me charger de son affaire! elle a une déplorable attitude...

M. BALLANCHE, *troublé, ne sachant pas trop ce qu'il veut dire.* — Je voulais, Madame, vous faire comprendre que rien n'est désespéré?... Certainement, le prince Vieujeu...

L'ACADÉMIE, *se bouchant les oreilles.* — Ne me parlez pas de lui!... (*Lyrique.*) O Meilhac!... je t'aime!... sans te connaître, hélas!...

M. THIERS. — Zuze un peu si elle le connaissait!... Ça fait frémir!...

M. BALLANCHE, *reprenant péniblement le fil de son discours* —... le prince, — dis-je, — se laisserait peut-être amener à des idées

20.

plus neuves... Mais il serait préférable de procéder par...

L'ACADÉMIE. — Par voie d'évolution?... le progrès par voie d'évolution... vous l'avez déjà dit... en 1830...

M. VIENNET. — Il a raison, Madame, il est préférable de prendre son mal en patience...

L'ACADÉMIE. — Oui... vous voulez le repos de l'Académie, parce que le vôtre en dépend... Connue aussi, la guitare!...

MAÎTRE ROUSSE, *à part, cherchant son chapeau.* — Je crois que je ferai bien de la laisser se débrouiller sans moi... D'ailleurs, Berryer est là...

CORNEILLE, *sévère.* — Madame, écoutez-nous?... Écoutez le langage du beau, du vrai, du bien...

M. COUSIN, *bondissant.* — Mon titre!!! Qui est-ce qui se permet de prendre mon titre?...

CORNEILLE. — Permettez?... Ce que vous avez... délayé, — si j'ose m'exprimer ainsi, — en traînantes analyses... je l'ai, moi, mis en action ! L'analyse, cette fleur sans parfum des époques de décacence, est la ressource des impuissants !... Les savants ont prouvé qu'on n'analyse bien que les sentiments qu'on est incapable de ressentir...

(*On entend au dehors une voix qui proteste.*)

L'ACADÉMIE, *dressant l'oreille.* — Qu'ai-je entendu?...

M. CARO, *très pâle et troublé.* — Rien... rien... C'est M. Paul Bourget qui proteste... sur le quai...

SAINTE-BEUVE. - Ce jeune analyste n'y restera pas longtemps...

M. LITTRÉ. — Où ça ?...

SAINTE-BEUVE. — Sur le quai... Il fera, sous peu, partie de notre compagnie...

L'ACADÉMIE, *ragaillardie.* — Un jeune?...

MAÎTRE ROUSSE, *tâchant de gagner la porte sans attirer l'attention.* — Elle n'a pas pour deux sous de tenue... C'est révoltant !...

BERNARDIN DE SAINT-PIERRE, *répondant à l'Académie.* — Oui, Madame, un jeune qui a infiniment de talent...

L'ACADÉMIE, *les yeux brillants.* — Autant que Maupassant? (*Les yeux baissés.*) J'ai entendu parler de *Boule de Suif !*...

M. CAMILLE DOUCET. — C'est un autre genre !... M. Bourget plaît, séduit... C'est le premier analyste de notre temps, celui qui connaît le mieux les hommes...

FLÉCHIER, *d'une voix douce.* — Surtout les femmes, — dit-on... (*M. Caro se lève avec fracas et va tambouriner à la fenêtre.*)

DUCIS, *à Conrart.* — Qu'est-ce qu'il a donc, Caro? On dirait qu'il fait une tête?

CONRART. — ..

DUCIS, *à Bussy-Rabutin.* — Qu'est-ce qu'il a, Caro?...

BUSSY-RABUTIN. — Affaires de femmes, tout ça!... Seul il était *l'enfant chéri des dames*,... à présent il y a une concurrence!... le petit Bourget lui coupe l'herbe sous le pied...

LE CHEVALIER DE BOUFFLERS. — Et ça l'embête!... Je comprends ça!...

L'ACADÉMIE. — Enfin, mettez-vous à ma place?... Je n'ai pas un académicien gai et amusant!... pas un!...

M. CAMILLE DOUCET, *d'un ton de reproche.* — Oh! Madame, vous oubliez MM. Augier, Dumas, Halévy, Octave Feuillet, Pailleron, Labiche, Sardou, Renan,... à ses heures, Jules Simon... le matin..., pour ne nommer que ceux-là!...

(MM. PAILLERON *et* HALÉVY *paraissent au fond.*)

L'ACADÉMIE, *rageuse*. — Non, je ne les oublie pas!... mais ici, ils ne sont pas eux mêmes!... Ils mettent des faux nez!... J'ai toutes les guignes!...

M. PAILLERON *s'avançant rapidement avec M. Ludovic Halévy*. — Pardonnez-nous, Madame, mais nous venons de déjeuner à l'Élysée, et...

L'ACADÉMIE, *aimable*. — Vous avez faim, peut être?...

M. LUDOVIC HALÉVY. — Pas le moins du monde... mais nous sommes en retard...

M. PAILLERON. — Et c'est bien la faute d'Halévy!... Il n'a jamais voulu monter dans un fiacre!... Il prétendait que tous les chevaux avaient l'air fougueux!...

M. HALÉVY, *s'adressant à l'Académie d'un air un peu narquois*. — Nous avons appris la grande nouvelle, avec un profond étonnement... Ainsi, l'Académie française divorce avec le prince Vieujeu!... Pauvre prince!...

VOLTAIRE. — Pauvres courtisans, surtout!...Avoir écrit sans nécessité *Tristesses et sourires !* C'est dur, n'est-ce pas, ,..

CONRART. — ...

CHATEAUBRIAND. — Madame, permettez-nous d'espérer que vous reviendrez sur la décision que vous avez cru devoir prendre...

M. THIERS, *interrompant.* — Sans nous consulter, d'ailleurs !... Vous considérerez que la morale ne peut, sous aucun prétexte, être violée... que la dignité, la respectabilité de la famille doivent passer avant de mesquines considérations de bonheur! Je dirai plus : toute créature intelligente et pratique sait trouver, au sein même de la famille, les distractions et les jouissances que les fous vont chercher bien loin...

L'ACADÉMIE, *énervée.* — Oh! toi, mon petit, tu vas te taire?...

LAMARTINE. — Madame, de grâce, modérez votre langage...

M. COPPÉE. — Si vous injuriez, que ce soit du moins dans une langue élevée, shakspearienne, académique...

L'ACADÉMIE. — Oh! non!... assez de langage académique!... je n'en veux plus!... assez des poèmes, des élégies, des méditations, des intimités, des harmonies...

(Lamartine s'éloigne, Chateaubriand le regarde d'un air moqueur.)

L'ACADÉMIE *à Chateaubriand.* — Assez aussi du *Dernier des Mohicans!...*

CHATEAUBRIAND, *vexé.* — C'est le *Dernier des Abencerrages* qui est de moi!...

L'ACADÉMIE. — C'est la même chose!... *(Protestations.)* Assez de l'*Art poétique!..* d'*Œdipe chez Admète,* de *Coriolan,* et même

d'*Éloa!*... (*Elle respire bruyamment.*) Ah!...
il y a longtemps que j'ai tout ça sur le
cœur!... ça déborde, tant pis !... (*Avec élan.*)
Ah! oui, j'en ai assez de la « Vieille coupole »!... (*Levant les yeux au ciel.*) En voilà
un monument avec lequel j'ai été rasée!
comme dirait la Sapho de Daudet... qui ne
veut pas venir ici!!... et qui a joliment raison!....

(*Tous les académiciens se retirent navrés
sans vouloir discuter davantage avec l'Académie ; ils se font signe que « la tête n'y est
plus ».*)

FIN

TABLE

BOURLOTON. — Imprimeries réunies, B, rue Mignon, 2.

www.ingramcontent.com/pod-product-compliance
Lightning Source LLC
Chambersburg PA
CBHW070309030726
47505CB00004B/952